翻書就會看手相

姜威國◎著

自序

「速食」時代，早已經和我們的日常生活緊緊地連在一起了，像交通運輸的「高鐵」系統，像書信往來已經用「E-mail」替代等，當然編書寫稿也不能例外，《翻書就會看手相》就是以這個思維做為骨幹，然後再以易看易懂的架構完成這本書，所以當你在翻閱此書時，只需要抱持著一種輕鬆愉悅的心態來觀賞即可，如此，相信你的斬獲就會有你意想不到的效果。

「手相學」一脈，自古就是一套很難取得大量徵驗資訊的科目，為何會如此呢？簡單說，「男女授受不親」就是最大的阻礙要素，所以「手相學」一脈的承傳，至今都沒有大幅度地發光發熱的現象，這實在是一件非常可惜的遺憾。

但是，經過了千百年來的時空變遷，以及人文社會環境背景的演進變化，時下的社會「男女授受不親」的陰影也早就沒有那樣的嚴重，這對於「手相學」而言，實在是一件非常雀躍且充滿生氣的訊息，當然對於其命脈的傳承與延續上都是一項「大利多」的消息。

中國的「五術」—山、醫、命、相、卜，其理念都是源自於《易經》這本東方國寶書，這是眾所周知的事實，「手相學」自是不能例外，因此筆者在撰寫本書時，為了要讓大家能夠更清楚的體會與瞭解，甚至能演繹引申得更為廣泛，所以特別融入了易理來相互搭配與闡微，希望此舉能夠對大家有所助益。

本書的完成，其中雖也經過了多次的增刪補遺，但由於筆者才華疏淺，其中必然仍有所闕漏不是之處，故還望各位先進同儕能夠給我指教為是。最後，要感謝李懿姍小姐為我收集彙整資料的辛苦，也敬祝大家福壽健康，財源廣進。

二〇〇八、三月 歲次戊子

筆者 姜威國 謹致於 鳳邑命理工作室

目次

第一章 中、西手相學概論

手相學由於流傳的國度不同，以及理論觀點的差異，因而造成時下有「中、西」手相學的分別，概略分析如下：中國手相學比較注重直接的吉凶禍福論斷的徵驗；而西洋手相學則是較為著重在心理、生理、思想與行為的表現，據此而引證出一些在人生運途發展的現象。然而，儘管有此觀念角度與訴求點上的不同，但最終的解釋和徵驗效果，卻有著殊途同歸的結果。

關於中、西手相學相互間立論之差異，筆者大略地整理歸納為以下的幾點，先行概略地論述一下，至於詳細內容，待後面相關章節再予以精論與闡微。

第一節 手形立論上的差異

一、西洋手相學

西洋手相學對於手形的分類，是依據著占星術中的「四分法」而立論。「四分法」即是以大自然界中的四種基本元素—火、土、空氣與水，做為基本手形分類的表徵意象。分述如次：

①土形手：是屬占星術中的「地象星座」，亦稱「實行手」。代表大地的包容性、實際穩重性，以及象徵萬物養育的空間，亦有肉體物質的演繹訊號。

②空氣形手：是屬占星術中的「風象星座」，亦稱「智慧手」。代表著智慧、理性、原則法條，以及應變能力。

③水形手：是屬占星術中的「水象星座」，亦稱「敏感手」。代表著神秘地、感性地、捉摸不定地，以及心靈感情上之層次追求。

④火形手：是屬占星術中的「火象星座」，亦稱「直覺手」。代表著剛毅、自強不息、正直，以及活潑與熱情奔放。

除了以上四種分法外，還有更為細膩地將手形分為七種型態，茲將其也一併地摘錄整理於後，以供各位於研習上之參考。

(1)原始掌型：

原始掌型，一般常見於勞工階層之中，是屬於勞動型的掌型。

特徵：大都掌型肥短、肉厚且硬，拇指亦呈臃腫笨拙狀。個性粗野凶暴，缺乏理智與自制力。

(2)方形掌型：

方形掌型，大都見於高智慧人之手掌，如醫師、律師、實業家、教師或化驗師等。

特徵：掌型大小適中且略趨四方形，堅硬但有彈性，拇指粗大肉豐實。個性實事求是、剛強且正直，是為理智與實用並重的典型。

另外，方形掌也會因其手指形狀之不同，而又分為七種類型：

①方形、指短：表示其人個性頑固，且極端重視物質生活的品質。

②方形、指長：表示其人個性穩重踏實，凡事均以謹慎且理智的心態處理。

③手指節有起結：表示其人細心謹慎，凡事追根究底。

④篦形指：篦，音畢，是為梳頭髮的工具。表示其人對於機械與實用工程有深厚的研究嗜好。

⑤圓錐形手指：表示其人有藝術之才華。

⑥細長形手指：表示其人較不著重實踐力行，而較為趨向於空思幻想的傾向。

⑦手指形相各不相同：表示其人心性不穩定，雖具有多才多藝的才華，但均缺乏專精性與固定

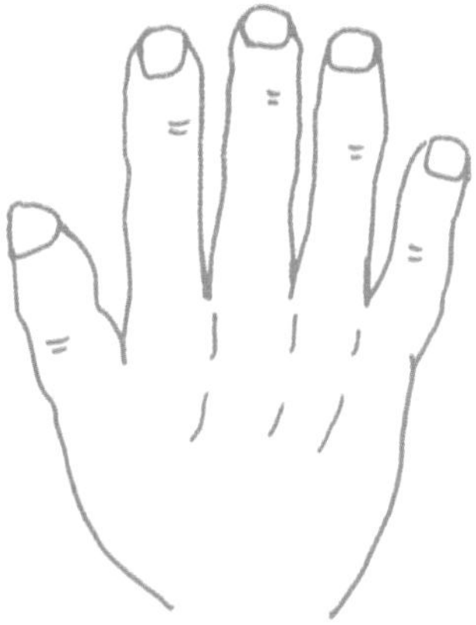

原始掌型

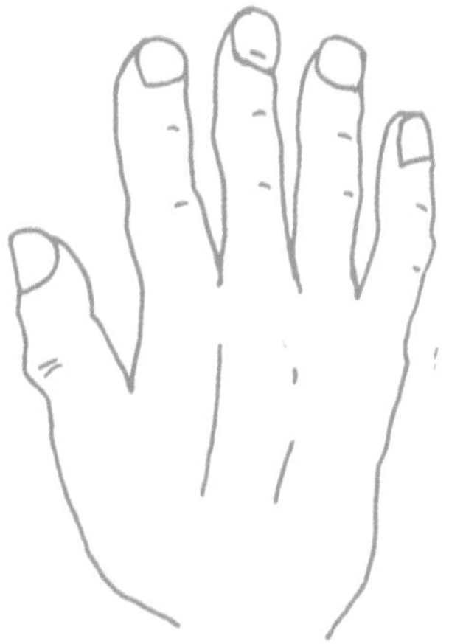

方形掌型

的理想目標去實踐。所以，這種人大都沒有什麼大富大貴的成就可言。

⑶篦形掌型：

篦形掌型，大都見於有冒險犯難、勇於開創新局面人之手掌，如發明家、探險家、工程師或航海家等。

特徵：各指指端均呈篦形且四方，掌形不一，指長而粗大。其人個性勤敏有毅力，自信心強且富有想像與冒險創造力，不拘於世俗小節，情感豐富，敢作敢為亦敢當。

⑷哲學家掌型：

哲學家掌型，大都見於知識分子之手掌，是屬於一種心智勞動、追求「形而上」抽象理念之典型，如哲學家、藝術家、宗教家等。

特徵：手掌寬厚適中有彈性，拇指大且強硬，其餘四指很長，有露骨或指節起結徵象，指甲大都呈圓錐形。其人個性內向、細心謹慎，較注重精神層次的追求，可以一些智識理念而享譽社會。

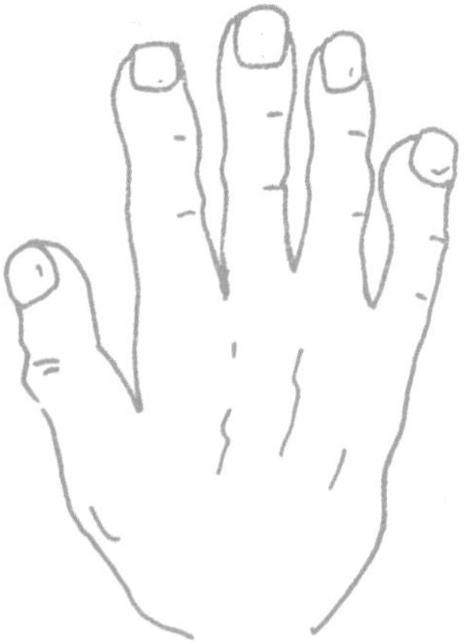
篦形掌型

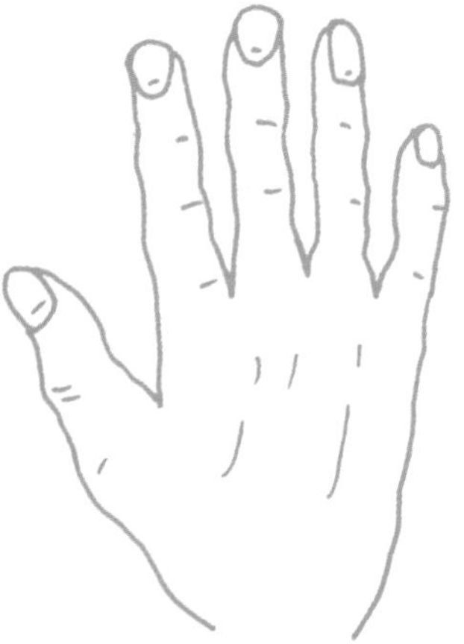
哲學家掌型

⑸圓錐掌型：

圓錐掌型，大都見於有藝術才華，或是具有鑑識才能人之手掌，如音樂家、圖畫印相家、演說家或演藝人員等。

男人有此掌型者，大都屬物質充裕、才華橫溢且精神動人之典型。另外，其生動的表演才華，與滔滔不絕的雄辯口才，也是會令人讚嘆不已。

女人有此掌型者，大都有淪為物慾的奴隸現象，易受環境的支配與污染。性喜虛華奢侈，沉溺於聲色逸樂的享受，對於愛情的觀念，更有任性而操守不堅的徵驗。

特徵：手掌豐厚，皮膚細膩柔軟，手指尖細美麗，指甲細長尖銳。其人個性純真、富同情心、想像力豐富，是十足純情浪漫派之典型；缺點是易有受騙上當之虞。

(6)精神掌型：

精神掌型是融合了哲學家掌型與圓錐掌型之混合體。大都見於追求精神層次，或是藝術才華人之手掌，如審美裁判、藝術家、詩人或是思想理論家等。

特徵：手指纖長細膩又不露骨、皮膚白皙、肉紅柔軟。其人個性自視甚高，但卻不求實際，任性又依賴心重，因此往往受挫於現實環境，即呈現不堪一擊，且有無法東山再起的事實徵驗。

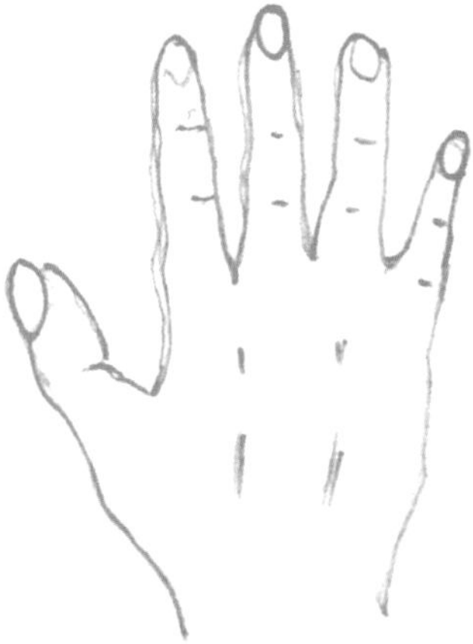

圓錐掌型

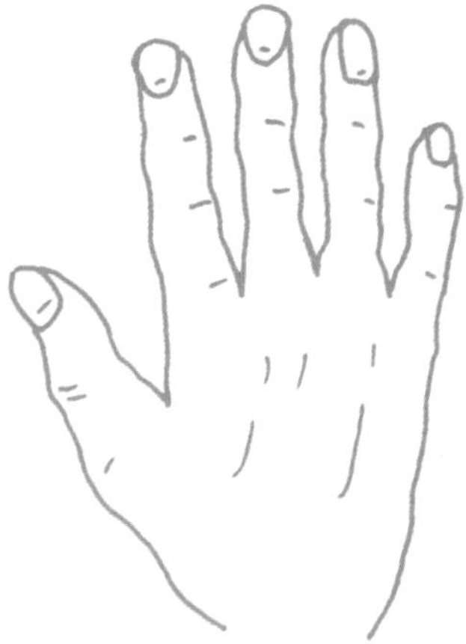

精神掌型

(7)混雜掌型：

混雜掌型，是為一般大眾化之掌型。因為人的掌型是屬於單一且純質的掌型，實在是不多見。

特徵：大多同時具有前述掌型之二、三種的混合體。因此，其所呈現個性的徵象，亦是很難一概而予以驟下定論，但大致可以將其整理歸類如下：

①個性變化不定、易有見異思遷意象，所以往往會出現多元化的個性展現。

②對環境的適應力較強，也可充裕地周旋於任何場合。

③對於挫折與失敗比較無法承受，且缺乏毅力與耐性。

④才華能力之性向複雜，沒有一定的理想目標，因此會經常處於更換環境與工作的現象。一般而言，大都難以有所成就與聲譽。

二、中國手相學

中國的術數學，一向是以抽象的陰陽五行理念來做為表達的意象，而手相學是屬於「五行」中「相」的科目，當然亦無法脫離以「五行」—金、木、水、火、土，做為演繹與引申的立論基礎。

自古以來，有關「五行」所含蘊的意象，以及其所代表的意義，諸先聖賢的解釋與認知，不但繁多，而且分歧不一。因此為了讓各位讀者有一個比較正確且完整清楚的認識，筆者特將一些較具代表性的古籍經典中，有關「五行」的釋義與闡述整理歸納，並摘錄如下，供大家日後研習論斷上之參考。

《河洛精蘊》清・江慎修著・「論五形之性」其云：

「水潤下，火炎上，木曲直，金從革，土稼穡。」

《八字的奧秘》林宜學先生著，其云：

「水、木、火、金、土，絕不僅指實質上的水分、樹木、火焰、金屬、土壤，顯然只是各類機能的代名詞而已。」

「聰明的中國人將萬事萬物的機能分為五類，就是『水、木、火、土、金』。一、水：說明擴散、自由的機能；其質由水來代表，其能則為自由、向下。二、木：說明成長、向上的機能；其質由木來代表，其能則為成長、向上。三、火：說明發損、放射的機能；其質由火來代表，其能則為放射、向四周。四、金：說明尖銳、急進的機能；其質由金來代表，其能則為銳進、向一方。五、土：說明內聚、雜陳的機能；其質由土來代表，其能則為篤重向內。」

筆者為了讓各位能更易於瞭解起見，特將其意象繪簡圖示意如下，希望有助於各位於研習上之方便。

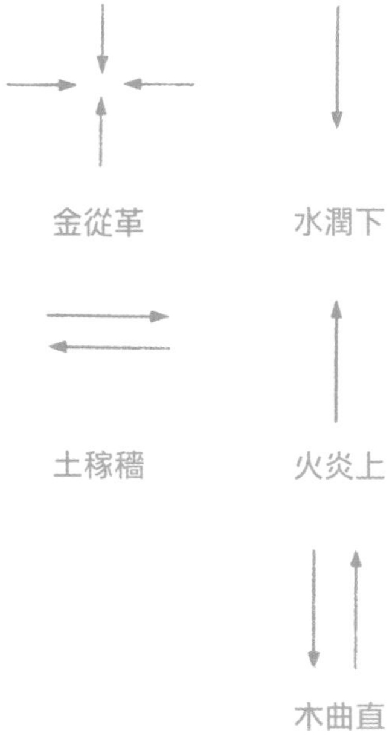

另外，斗數大師堃元先生對於五行性情的解釋與闡微，亦有其精闢但卻是淺顯易懂的特點，茲一併摘錄供為參考。

（一）水：潤下

水有三態：氣態漂浮、固態凝凍、液態潤下。

水泛指「液體」，其性「流動」、「滲透」、「潤下」，其質「柔」。

（二）火：炎上

火，固有輻射、傳導、散熱之性；其性熱，可知而不可見。其可見者，光與焰；光熱而輻射，是指太陽為「火」。唯火焰之形，燎上；熱之性，炎上。

若指水為代表向下的力量，則火當為向上的力量。若曰水氣寒，則火氣當為熱；若說水質「柔」，則火質當為「烈」、為「脆」。

（三）木：曲直

木象生長、生機，象「增值」；其根向下，其枝幹向上，枝幹出於地表。若為向上，噫其根、枝分向上下左右擴散生長；若為向外四散，審其生長，則曲直可變。

古人每謂：「樹大招風。」謂其氣為「風」，風不可見，木形曲直可見，故由曲而直、由直而曲，若竹之有「節」，木質當為「節」。

今以力學觀念忖之，木象「離心力」、「扭力」。

（四）金：從革

金於原礦若土若石，以火冶煉而鎔為液體，凝結而內聚為固體，捶打成器而延伸，鍛鍊琢磨而銳利。其於常態團聚而不散，其質「剛」，泛指「固體」而言。

古言金從革，從者，義就也；革者，義改也，謂金之形可就所改而變也。

（五）土：稼穡

稼穡者，言農事也。稼者，種穀也；穡者，斂穀也。於穀而言，入出於土；於土而言，「納藏」、「蘊育」、「吐斥」。

土載萬物而致養；其濕土者，就水而淤；其燥土者，從風而移；其之為礦而產金；其之黏土者，可為磚瓦。若柔若剛、若脆若節、難言其質。唯地厚、重、方，故噫其質「重」。

今以力學觀念忖之，土象「反作用」、「反射力」、「偶力」也。

瞭解了「五行」的意象與意義後，我們接著來看看應用「五行」分類掌型的演繹，以及所賦予的徵驗訊號。

(1)水形掌

《水鏡集》云：「水形人，取指掌圓滿。」

《呂純陽相法・五行入門訣》云：「水形圓，厚重而黑，腹垂背隆真氣魄。」

特徵：

①水：主智、主聰慧、敏捷、適應力強、求知慾旺盛、多才多藝且感情豐富。

②掌肉厚實，指短紋細且秀麗。

③對愛情的態度不穩定，或經常會有腳踏兩條船的現象，易沉溺於酒、色、賭博之不良習性。

④若拇指雄偉強壯，則個性剛強正直且善於交際，宜從事政治或經商；若為短小削瘦者，其人一定為自私自利、貪逸奢侈之輩，性情則冷熱反覆不定，做事亦缺乏自信。

(2)木形掌

《水鏡集》云：「木形人，取細瘦紋秀。」、「木形人，取在紋脈修長、瑩瘦者合格。」

《呂純陽相法‧五行入門訣》云：「木形，瘦質、骨節堅，色帶青兮卓犖。」

特徵：

①木：主仁，亦主壽。故得木形之純真掌型者，其人大都心地仁慈且多能長壽。

②個性剛強正直且處事細心謹慎，但經常也由於太過於慎密計畫，反有偏執耿介、計較小節之遺憾。

③宜從事公職、文教等工作，亦為大器晚成之典型。

④具有審美鑑識的才能，因此往往會有妻美且賢淑之徵驗。

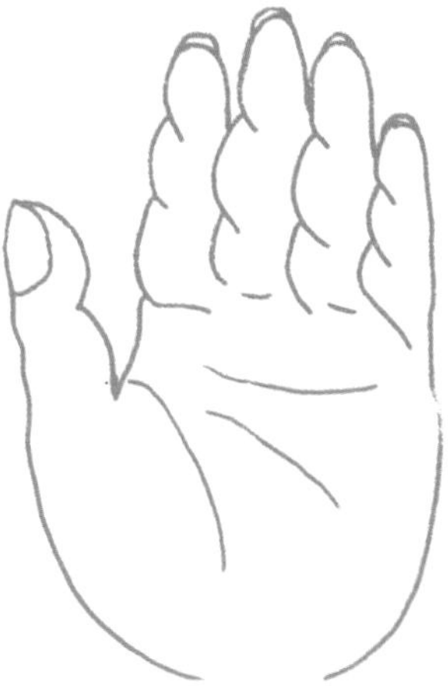

水形掌

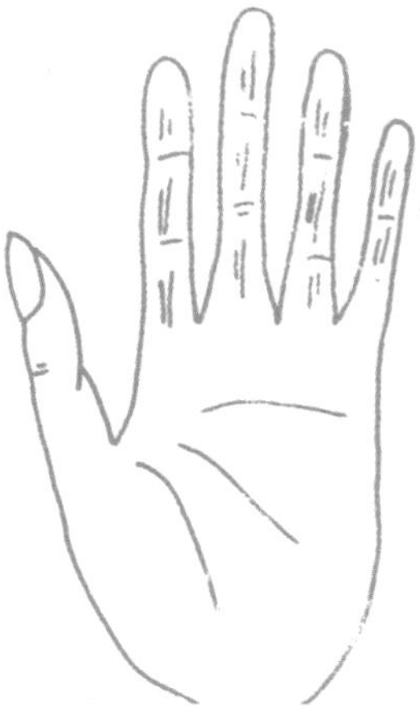

木形掌

⑶金形掌

《水鏡集》云：「金形人，取其指掌端方。」

《呂純陽相法・五行入門訣》云：「金形，方正、色潔白、肉不盈兮、骨不薄。」

特徵：

①金：主義。故其人個性剛正不阿、信守篤實、意志堅定。凡事潔身自處，不喜虛榮、奢侈排場的交際生活。但相對地，其人在待人處事的手腕、方法上，就欠缺那份圓融、八面玲瓏的氣勢，而且在金錢上，亦有計較、吝嗇的表現。

②掌肉厚薄均勻，且掌指均端方，肌肉具彈性且秀麗整齊又白皙。

③興趣與才華多元化，允文允武，較適宜公職或固定工作。

(4)火形掌

《水鏡集》云：「火形人，取指尖紅活。」

《呂純陽相法・五行入門訣》云：「火形，豐銳亦焦躁，反露氣枯無常好。」

特徵：

①火：主禮。故具有此種手形的人，守禮法且拘謹，天資聰慧、學習能力極強。但個性的顯像則趨於孤僻，與人寡合、六親的緣分淡薄、事業成就早成，卻也亦破敗。因此，最宜從事軍、警職業，婚姻宜遲，方不致破敗。

②長指均尖直、色紅而粗壯，且指節筋骨露出。

⑸土形掌

《水鏡集》云：「土形人，取在圓厚、重實也。」

《呂純陽相法・五行入門訣》云：「土形，敦厚色黃元，臀背露兮，性樂靜。」

特徵：

①土：主信。是故，具有此種手形之人，個性誠實端正、信守承諾、做事積極，且能吃苦耐勞。

②土形手掌指俱厚實圓渾，且紋皮俱粗糙，此亦是與水形掌分野辨別之處。

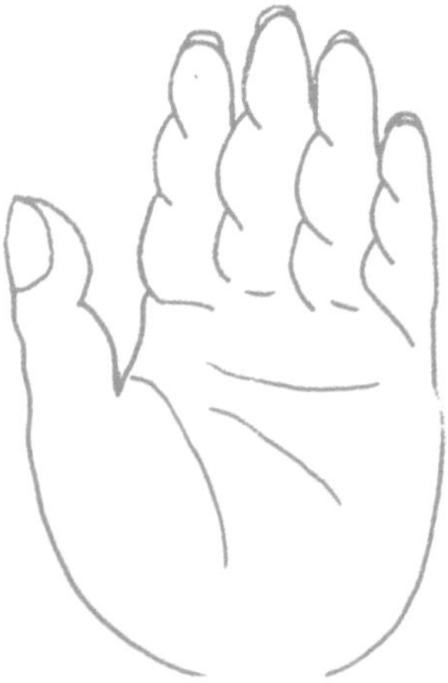

金形掌

火形掌

③土形手掌：若是其掌形紋路太過於粗糙，且線條雜亂者，主其人善於計謀、心機極深，且易於感情用事，或固執，而流於剛愎自用。

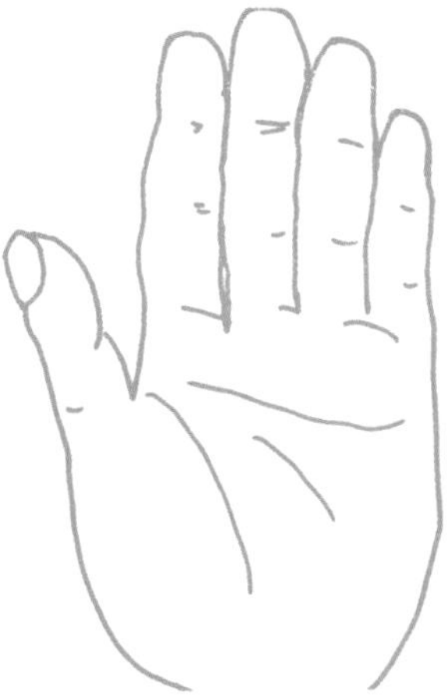

土形掌

以上僅是將中、西方有關的手形相法，其在立論上的差異，大略地介紹與敘述。然而，若是細心的讀者，相信一定可以發現到一個事實，那就是儘管有所謂分類上的差異，但是，兩者在論述的內容與徵驗意象上，卻有著不謀而合且具有可相互參研的效果。因此，或有謂西方的較為應驗，或有謂東方的較具演繹的彈性等，實在是因為欠缺用心地去體悟與研討，才會有如此錯誤的言論與評語。是故，若能以中、西合參，且相互應證的心胸去面對，相信能如此，才不失為一個探討研習做學問的科學態度與方法。

第二節　掌丘劃分的立論差異

一個人的手掌，大致上可分為二個部位：一為指，即五個手指頭；一為掌，即各指指根處至手腕部分。

中、西手相學，對於「掌」部位的理論概念，亦各自有其不同的立論結構體系。在本節中，筆者僅做象徵性的介紹，至於詳實的內容闡述，容我於後面章節再做解析說明。

一、西洋「掌丘」劃分法

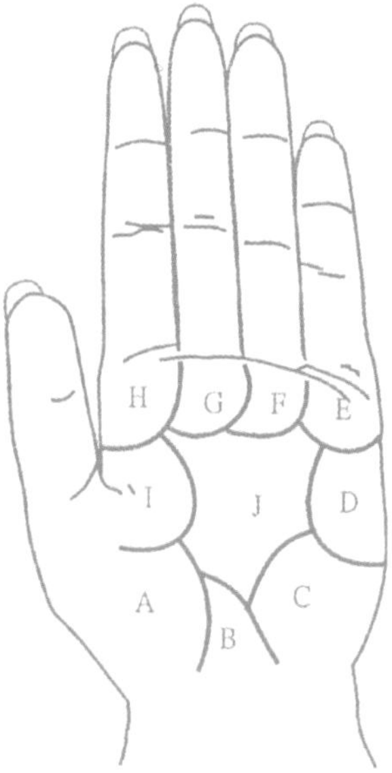

A：金星丘
B：三角神秘區
C：太陰丘
D：第二火星丘
E：水星丘
F：太陽丘
G：土星丘
H：木星丘
I：第一火星丘
J：火星野

二、中國「掌堂」劃分法

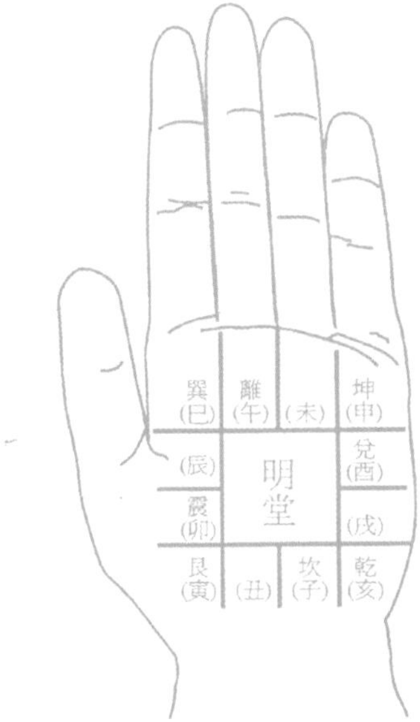

依後天八卦爲主：

一：坎卦
二：坤卦
三：震卦
四：巽卦
五：明堂
六：乾卦
七：兌卦
八：艮卦
九：離卦

第三節 掌紋立論的差異

掌紋：即掌中的線條，「它」可說是手相學中最重要的論斷依據。若是手相學缺少了「它」，就好像人體中沒有了五臟六腑一般，不但內容空洞毫無意義，甚至於手相學可能也從此會自術數學中銷聲匿跡，甚至是被除名了。

一、西洋掌紋

(1)**主要掌紋有四條：**即感情線、生命線、理智線與事業線。

(2)輔助掌紋線則有二十四條之多。

二、中國掌紋

(1)**三才紋：**即天紋、人紋、地紋，是源自於《易經》理念的演繹與應用。

(2)奇紋大約有二十一條之多。

第四節 流年論斷的差異

一、西洋手相學

⑴是以七年為一論斷的週期，而做為人一生變化立論的依據。

⑵命運週期法：

此法是由英國相學家奇羅（Cheiro），應用占星術、手相學（Chiromancy）與手型學（Chirognomy），三者相互參研而得名。如表所示：

A、係數計算法：

是以國曆出生日期對照「係數表」。（附錄於後）

B、以命運週期表占卜未來：

即以前述所對照的係數，再配合現時的年齡，以及機率較大的月份，即可得知發生變化事情的時間。

C、再配合手掌所呈現事件的種類，綜合研參判斷。

出生日期係數表									
9	8	7	6	5	4	3	2	1	係數
9	8	7	6	5	4	3	2	1	出生日期
18	17	16	15	14	13	12	11	10	
27	26	25	24	23	22	21	20	19	
					31	30	29	28	

出生日期係數表

※依國曆為主。

(1)是以五年為一小週期，每十年為一大週期。行運年數則自十一歲起算，又以五十一歲為中心數來論述。

(2)是以每一年為一定點來論述。

第五節　其他

除了以上所列舉的差異處外，另外，還有一些屬於觀念角度認知上的不同，亦列述於下，以便於各位之參考應用。

（一）中國手相學

男命：是以左手為主。

女命：是以右手為主。

（二）西洋手相學

左手看先天的造化趨勢。

右手看後天的造化趨勢。

命運週期表

係數╱年齡	可能發生變動或事件的年齡（以實足年齡計算）	可能發生事情的月份
1	7 10 16 19 24 28 34 37 43 46 52 55 61 70	1 7 8
2	7 11 16 20 23 25 29 34 38 47 52 56 62 70	1 7 8
3	3 12 21 30 39 48 57 63 66 75 84 93	2 12
4	4 10 13 19 22 28 31 37 40 46 49 55 58 64 67 73	1 7 8
5	5 14 23 32 41 50 59 68 77	6 9
6	6 15 24 28 33 39 42 51 60 69 78 87	1 5 10
7	2 7 11 16 20 25 29 34 38 43 47 52 56 61 65 70 74 79	1 7 8
8	8 17 26 35 44 53 62 71 80	1 2 7 8
9	9 18 24 27 36 45 54 63 72 81	4 10 11

命運週期變異靈動數表

第二章　論手

講到「手」，大概有廣義與狹義的兩種說法。廣義的「手」，大致是以整個手的部位而論，亦即包括了上臂、下（小）臂、五指與掌肉等部位；至於狹義的言「手」，就僅是論及指與掌而已。雖然有此廣義與狹義之分，但自古迄今，有關手相學的理解，卻又大都周旋於指與掌而立論，至於其他部位的理論則少得可憐。因此，筆者於此章節中，除了將相關的內容做最充實且清晰易懂的說明外，也盡力地搜尋彙集一些手相學缺乏且未盡詳述的資料摘錄並整理，希望對各位在研習上有所助益，且能增添些資訊於日後論斷時的參考驗證。

第一節　手形相論

本節之所以用「手形相」為名，簡單地說，就是僅以手的形狀、長短、粗細等形相而論述，至於指與掌的部分，容筆者於後面相關章節再予於探討闡述。

一、身高與手之長短論述

據非正式的數據顯示，上肢自然下垂的長度，大約為身高的七分之三強弱。當然，其間或有手長身短，或有手短身長的個案，這也是無法避免的事實。但若是根據《易經》的理念來推演，此種異於常態「太過或是不及」的現象，卻每多有其特殊的徵驗事實。如古相書云：「手垂過膝者，世間英豪；手不過腰者，一生貧賤。」即是例證。

然而，古書之論也會有其過於偏執之說，如俗諺所云：「腳長手長，好吃懶做。」即是與古論大相逕庭。探究其因，這是否是因為時空背景的不同，而產生了認知上的差異？抑或是有著與智商發育有所關聯的因素？由於資訊與徵驗資料的不足，對於上述的疑問，我們實在無法得到一個確切的答案。但每觀察到手不及腰者，很多都是從事演藝或是智性方面的職業；而手過膝者，雖有著智慧與窮通達變超乎常人的能耐，但卻往往多流於高談闊論、自負聰明而卻多為不切實際之輩，這實在是一件極盡矛盾，但卻也是非常寫實的社會現象。所以，或許也有可能是基於此無法統一與歸納的事實因素，是故古相學中並沒有很明確且充實的記載這些相關的理論條文，而僅是舉其中之一、二例搪塞了之，如《麻衣相法全書》卷三中所列舉：

例一：

昔，王克正死，身後無主，其家修佛事，唯一女跪爐於像前。陳博入弔，出語人曰：「王氏女，吾欲不見其面。但觀其捧爐，手相甚貴。若果男子，白衣入翰林；女子，嫁即為夫人。」

後，陳晉公為參政知事，無妻。太宗曰：「王克正，江南舊族，一女令淑，卿可做配。」太宗敦諭再三，遂納為室，不數日則封誥夫人，手垂下膝。

例二：

蜀先主劉備，身高七呎五吋垂手過膝自顧見其耳乎？

儘管古今對於手長短的例證、結論有所差異與不同，但總歸也承傳了一些資訊，可供吾等後輩來探討深思了。在此，筆者亦將身高、手長之相關資料整理並列表如後，以提供做為大家日後論述上之參考。

〈身高手長表〉

身高	身高	手長	身高
18.0 ～ 18.4	163	14.4 ～ 14.8	145
18.2 ～ 18.6	164	14.6 ～ 15.0	146
18.4 ～ 18.8	165	14.8 ～ 15.2	147
18.6 ～ 19.0	166	15.0 ～ 15.4	148
18.8 ～ 19.2	167	15.2 ～ 15.6	149
19.0 ～ 19.4	168	15.4 ～ 15.8	150
19.2 ～ 19.6	169	15.6 ～ 16.0	151
19.4 ～ 19.8	170	15.8 ～ 16.2	152
19.6 ～ 20.0	171	16.0 ～ 16.4	153
19.8 ～ 20.2	172	16.2 ～ 16.6	154
20.0 ～ 20.4	173	16.4 ～ 16.8	155
20.2 ～ 20.6	174	16.6 ～ 17.0	156
20.4 ～ 20.8	175	16.8 ～ 17.2	157
20.6 ～ 21.0	176	17.0 ～ 17.4	158
20.8 ～ 21.2	177	17.2 ～ 17.6	159
21.0 ～ 21.4	178	17.4 ～ 17.8	160
21.2 ～ 21.6	179	17.6 ～ 18.0	161
21.4 ～ 21.8	180	17.8 ～ 18.2	162

（單位：cm）

二、古籍理論彙集

摘錄自《麻衣神相全書》卷三

①論四肢

夫，手足者，謂之四肢，以象四時，加之以首，謂之五體，以象五行。故四時不調，則萬物失闕；四肢不端，則一身困苦；五行不利，則萬物不生；五體不稱，則一世貧賤。是以手足亦象木之枝幹也；多節者，名為不材之木。然，手足欲得軟而滑淨，筋不纏、骨不露、其白如玉、其直如幹、其滑如苔、其軟如錦者，富貴之人；其或硬而粗大、筋纏骨出、其粗如土、其硬如石、其曲如柴、其肉如腫者，貧下之徒也。

②論手

手者，其用所以執持、其情所以取捨。故纖長者，性寬而好施；短厚者，性鄙而好取。手垂過膝者，世間英豪；手不過腰者，一身貧賤。身小而手大者，福祿；身大而手小者，清貧。手香暖者，清華；手臭汗者，濁下。

大抵人手欲軟而長，膊欲平而厚，骨欲圓而低，腕節欲小，指節欲細，龍骨欲長，虎骨欲短。（註：臂至肘、為龍骨；肘至腕、名虎骨。）骨露而出，筋浮而散，紋細如絲，肉枯如削，非美相也。

（附註：《麻衣相法》云：「無骨應知側，貧寒體不平，虎強龍又弱，尤自望榮昌。」）

摘錄自《柳莊相術秘訣》‧〈乾坤賦〉

相手之法，先看五行，次察八卦。掌有厚薄，指有長短，紋有深淺，色有明滯；務要君臣得位，五行得配，八卦有停，賓主有匀。只許主去強賓，不可賓來強主。

……………

身大手小，一生不聚財；

身小手大，一生下愚。

鯊皮多起家，駝多多破家。

左肩高，主白手大富；

右肩高，主大貧大苦。

膕中不起，男女主招邪魔。（膕者，掌厚高骨是也。）

……，……，……

人長手短，一生不成器。

四肢乾枯，一年主死；

四肢潤澤，一年主富。

摘錄自《神相水鏡集》卷一

手足者，關乎一身之得失，外通四肢、內接五臟，觀五行而配合，分形局以辨魚龍。五行不合，則萬物不生；形體不稱，則家業難成。……

……，……，……總之，觀手之法，必要分五行之肥瘦、短長合格，而細察眉目聲氣之清濁，然後定貴賤者，無漏矣！

三、結語

雖然，不論是古代或是今日，對於「手」的立論結構是如此的欠缺與不足，但是，終歸仍有一些蛛絲馬跡可供探尋。因此，如果各位讀友有心於此道之研習，不妨可先從自己周遭的親朋好友觀察起，然後再進展開闊到人潮熙攘的市區中。若能如此而長期的觀察記錄，相信不久的將來，你不但會有意想不到的體悟與領會，當然更甚者，或能躋身於一流的手相學大師哦！

但重點就是要有耐心、毅力，以及細膩的眼力。

第三章　論指

手指有五，於相法中，即有著五行的意象。如神話寓言故事中——孫悟空的觔斗雲再怎麼翻，也無法翻出如來佛祖的「五指山」一般。

因此，舉凡指的形狀、大小，與紋路之如何等現象，均可視為吾人論斷時的參考資料。

第一節　指法總論

每一個人正常的手指數都是五根（當然也有天生就是六根手指頭，或是因為意外受傷而只剩下四根、三根……），而且每一根手指的長度也都不盡相同。因此相學的理論，即是依據這些徵象的差異，而賦予其卜測論斷人生運途之種種變化的資訊與題材。當然，這其中也並非完全都是正確的徵驗訊號，但是對於後世之研習者，也或多或少提供了許多寶貴且探討的空間。以下就是筆者多年來，所收集到的一些資料，特將其歸納並整理，希望對有興趣研習的朋友有所助益為是。

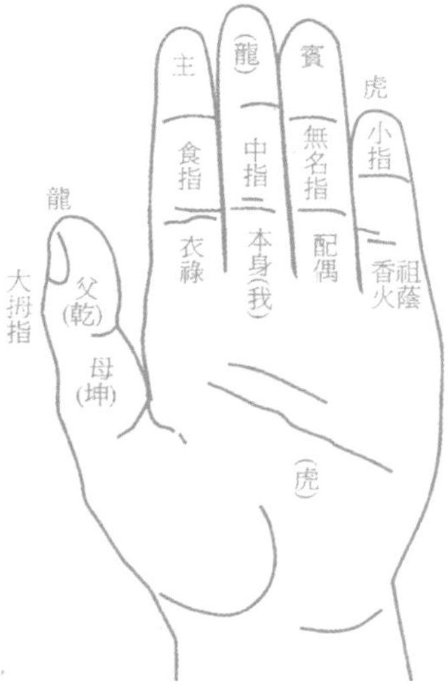

一、手指長度的認定標準

《相理衡真》卷八・〈指法總論〉云：「人長指短，不賤則淫；人短指長，狡猾貪財。人長指長者，狡；人短指短者，誠。」又云：「中指為天地生成之主。」、「中指為本身成敗之主。」因此，依據中指做為觀察度量的標準長度概念，古代即已建立在相學理念中了。然而，由於科學的日新月異，加上眾人對於一些模糊籠統的理念也不易接受，是故，近代的手相學家特針對此一問題深入去做觀察與研究，並將其結果綜合統計，終於訂出了五指間相互長度的認定標準數據。如此，不但能讓研習者有了明確的確認手指長短之分別，並且對於在論斷上也增加了更準確的徵驗度。所以，從此以後，大家即以此做為一個論定上的依據，而有了一個眾所依歸的標準數據。

茲就五指長度的認定標準列述並圖示如下：

（依中指的長度為認定標準）

①**中指**：其指長度約等於掌長的五分之四。

②**食指**：其指尖達中指的第一節之二分之一。

③**大拇指**：其指尖達食指的第三節之二分之一。

④**無名指**：其指尖達中指的第一節之三分之二。

⑤**小指：**其指尖達無名指的第一節的指節紋。

附註：

(1)大拇指長度的測量，一般是以手掌五指併攏為依據。其他各指長度的量法，均依此法類推即可。

(2)中指長於掌長的五分之四之比例者，稱之為「長指型」，而短於此一比例者，稱為「短指型」。

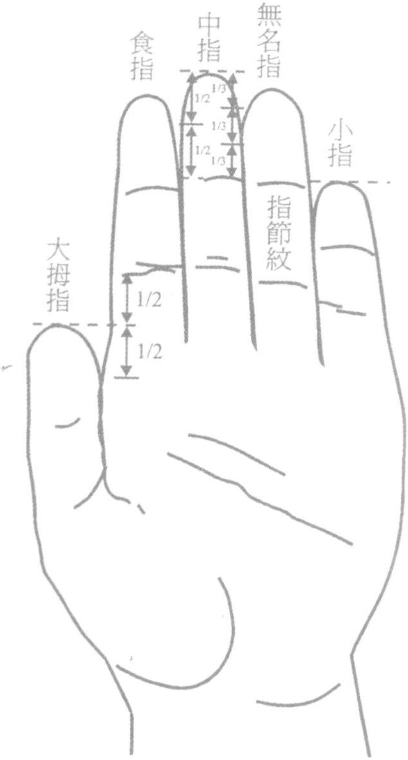

二、古籍理論彙集

（一）摘錄自《相理衡真》卷八‧〈指法總論〉

夫，五指俱要圓飽、端正、清秀、尖直、平密、挾傍、瑩潤、朝掌；最忌歪斜、削小、短曲、凹傷、匾反、疏漏、禿硬、類節。

歪者，向外離祖，立身貧寒；斜者，雖有衣糧，奔走四方；削者，破家失業；小者，食地多更；削小者，在公之人，人離財散；在私之人，退財居閒。短者，刑剋缺食；曲者，勞碌江湖；凹者，破祖孤寡；傷者，破財無成。反者，貧乏孤單；疏者，骨肉無情；漏者，錢財不聚；禿者，蹭蹬辛苦；硬者，窮忙隔角。類節，中腰如鼓槌，勞而無壽。

上指螺全者，利君子之相親，招小人之可遠。

甲頭指縫開者，半生不聚錢財。

前四指有鎖身紋者，凶。

掌心，謂之朝元，主吉。

中指節有交紋謂之二關，當主吉。

五指頭如一字齊者，愚而且凶。

中指與掌同長短者，吉。

指短掌長，奸猾鄙吝。

小指上有鎖身紋者，吉；有破鏡紋者，不住財。

小指量於大指長短者，主奸。

大指長於小指者，亦奸。

小指長於大指者，父母出身微賤。

小指長於食指者，子息遲難，早年衣祿不足，晚年得子力。

小指與中指長短同者，富而得子。

小指與無名指長短同者，清巧而得子力。

小指與食指長短同者，衣食不缺。
爪甲上仰如瓦者，吉；若節破、斜尖、薄禿、厚黃、黑者，敗。
爪如雲母石，五指皆有不利。
人清手濁者，凶；人濁手清者，吉。
掌中有豎理紋者，智而且貴。
爪如筒瓦者，富貴長壽；如鵝掌縫皮者，主無妻。
兩掌要厚，十指怕漏，壽理帶紋（壽帶紋即坎紋上離宮是，豎理紋亦同。）穿入指者，貴。
陰紋在沼者，雖有官非大禍，主大事成小。
大指歪斜者，其人勞碌無成，經營費力而一生受苦。
中指歪者，為人性情執拗，恃己偏見，詭異獨行。

無名指歪者，妻性執僻。

小指節歪者，不利子息，爾東我西，雖有若無也。

食指獨大者，富壽而承祖業。

食指短者，不剋妻而畏妻。

龍骨須知要豐大，虎骨須知要堅硬；大指為龍，小指為虎。

人長指短，不賤則淫；人短指長，狡猾貪財。人長指長者，狡；人短指短者，誠。

下漏則散財不聚，上漏則六親少力。

指無鼓槌，勞而無壽；指如春筍，滑而有財。

小指與無名指下節齊者，謂之「單紋」，必做文官；大指與第二指節下節齊者，謂之「雙紋」，必做武官。

掌為虎、指為龍，只可龍吞虎，不可虎吞龍。

四指為賓、食指為主，賓主兩齊為美；二指長者，平生近貴；四指長者，淫心不足，性不耐閒。

掌長指短，暗惹人嫌。

少年五指斬傷或病損，各有所主：大指破祖，三指剋母，四指妨妻，五指刑子。

齒咬指甲，心緒更多。

凡指長橫紋多者，亦惹人嫌。

膊為龍、臂為虎；大指為龍、四指為虎，如此者，然後可以相掌也。

若龍大虎小者，貴；虎大而龍小者，賤。虎勝龍為反，龍勝虎為奇。

掌不可為臂膊所壓，壓則功名有虧、謀利難為，但只要相稱者為佳。

（二）摘錄自《相理衡真》卷八・〈五指分論〉

凡在掌紋氣數，只在大指下。初分兩節，氣定乾坤，下為乾、上為坤，蓋取垂手之相也。

乾為父、坤為母。節上有橫紋直交錯者，必先喪父；節上有勾紋者，必先喪母。

凡論文學，正於大指可見。蓋取其節之有紋重疊，如畫眉之狀，紋多而長。俗云：「天子眼」也。

食指者，手之第二指也。其節極要端正圓滿，最怕歪斜、削小、短曲、凹傷，必有不足，如傷食神也。（註：「傷食神」者，八字學中之「十神」也。）

歪者，歪向外而離中指，主極貴。

斜者，斜向內而傍中指，主衣食不缺，不免走於四方。

小者，更衣食之地而不得其所。

削者，敗窮。

短者，剋妻、畏妻、衣祿不足。

曲者，勞碌江湖。

凹者，孤獨。

傷者，無成。

八者之內，論之盡矣！

中指者，手之第三指也。一生相掌，在此一指，只要朝之。斜而反躬，必主孤窮；更有旋紋，事事皆凶。

身上最要明潔，但要鎖身紋者，嗔中得意，亦不免驚恐、是非之撓。

且此一指紋，較之他指不同，鏡面但有冊，此紋破傷者，行年到，有凶無吉，至驗有準。

然，反與斜異何也？斜者，功名中失腳；反者，孤身貧乏，百事難成，謀遠而成就。

周歲小兒可明著眼力，觀之其關煞：天地人三關，天關必成，地關必哭，人關必笑。有青筋者，即醫家口傳心授。

無名指者，手之第四指也。此指為弟兄、妻妾、骨肉，看四十歲後之禍福也。

若歪斜不挾傍者，主兄弟、骨肉隔角，妻妾刑傷。

但要明淨，節無鎖身紋為佳；於下不漏縫者，主末年受用財祿。至驗！

小指者，最要清秀，長而不斜，短而不禿者，上相也。

此指上有鎖身紋者，極佳，主壽，別指皆凶。

若此指頭過無名指者，清巧多能，惜乎孤剋。

又如大指，只一節者，其母不免於重疊醮也。

第二節　五指各別的意象

我們在形容不公平之際，大都會取掌上五指的長度不等做為譬喻，由是亦可演繹出雖同為掌上的指頭，但因為其所代表和引申的角度不同，就可以分為好幾個角度與觀點來論述之。《相理衡真》卷八．〈掌法元機總論〉云：「以大指為父母出身之基，中指為天地生成之主。一生衣祿，食指可就分明；百歲妻房，無名指須知刑剋；壽紋飾帶，當推小指定休咎。」

五指的意象演繹，大致可分為六親與性情兩大部分來探討。雖然其中的解釋闡述或有其差異處，但若以整體的角度而言，亦不失其可做為論斷上之參考憑據。茲將其分類與內容闡述供作研習之用。

(1)六親意象

①**大拇指：**代表父母。

②**食指：**代表衣祿或兄弟。

③**中指：**代表自己。

④**無名指：**代表妻妾配偶。

⑤**小指：**代表子女或晚輩、屬下。

(2) 性情意象

①**大拇指：**代表著生命力。

②**食指：**代表著個性、毅力。

③**中指：**代表著思想意識能力。

④**無名指：**代表著藝術才華能力。

⑤**小指：**代表著行為舉止的表現。

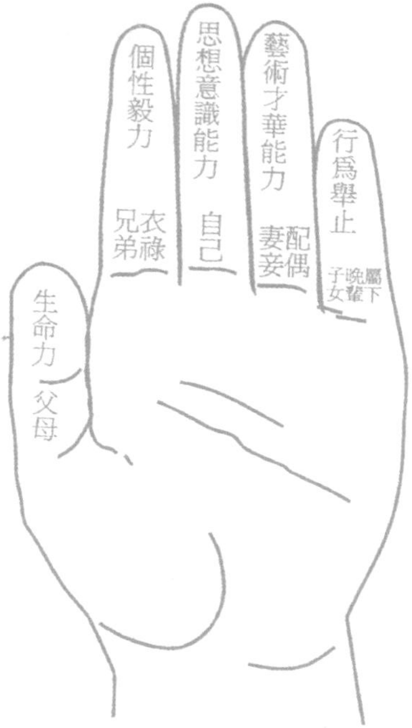

接著再來將五指各別意象的相關資訊闡述說明，希望讓大家能更進一步體會與瞭解。

壹、大拇指

大拇指對於手掌上之五指而言，好像是與其他的四指為不同的類群，就算是五指合併，它也比其他四指要矮許多；再者，它的形狀也較另外的四指要肥胖得多。因此，古相學中將其視為乾、坤來演繹，如《相理衡真》卷八•〈掌法元機總論〉云：「以大拇指為父母出身之基。」

再者，由於大拇指之指根部，與掌中的八卦九宮中之震宮相互連接，故而亦用其象徵一個人生命與精力的發源處。

〈指節之意象〉

大拇指與其他四指最明顯的不同處，就在於其指節僅有兩節，而其餘四指的指節均有三節。因此古人即應用此明顯的差異點，而發展創造出以下之立論觀點。

(1)大拇指指節的第一節：

①象乾、象父。故有遺傳與繼承之徵象。

②亦代表著毅力與個性的展現力。

③也可以看出襁褓幼年期之健康狀況。

④最好是以飽滿厚實、粗壯堅實為上。

(2)大拇指指節的第二節：

①象坤、象母。故有遺傳與繼承之徵象。

②亦代表著受恩惠之多寡，或其人之胸襟度量，與適應環境的能力。

③也可以看出襁褓幼年期之健康狀況。

④最好是以豐滿厚實、俊挺潤澤為上。

〈長短之意象〉

大拇指指長的標準長度，是以其指尖達食指的第三節之二分之一為主，實際長度大略與小指的長度相等。因此，若是超過此一標準認定者，是為「長型拇指」；若是不及於此的標準長度，則是為「短型拇指」。

是故，基於此種長度上之差異，相學家亦分別予以深入的觀察與統計，而做出了以下的幾點歸納論述。

(1)標準型之拇指：

代表其人之個性、理性與情感都可均衡地發展。即使處於困境，亦可克服困難而終究有成。

(2)長型之拇指：

代表其人有過人的心思與智慧，個性開朗、富進取心、能言善道、人際關係甚佳，是團體中活躍的角色。

(3)短型之拇指：

代表其人頭腦靈活敏捷多變化，個性不穩定、情緒不易控制、易怒且殘暴。因此往往造成其孤僻、與人寡合之現象。

(4)過短型之拇指：

代表其人個性殘暴急躁、投機取巧的心極重，而且有虐待動物的傾向。

此型拇指之個性，一般大都是配合著中指而合參研。如中指優良秀麗，則主其人善於察言觀色，以及熟悉逢迎之道；如若中指有缺陷或粗陋者，則主其人個性悲觀、頹喪、缺乏主見與耐性，是十足悲觀頹喪、失敗的典型；更甚者，亦經常會導致自閉、自殺的傾向。

大抵上而言，拇指的長短度是個性與耐性、毅力的展現；而寬窄度，則可看出其人對人事物之判斷力，與處理調節的態度原則。再者，基於拇指之二指節所象徵之乾、坤意象，我們亦可將其演繹為一種向內或向外之傾向。如若第一節長於第二節，則可表示其人對外之意志力的表現較強，故也較易流於固執與自負的現象；若第一節短於第二節，則表示其人較有優柔寡斷，以及缺乏自信心的傾向。因此最好的狀況就是二個指節長短均相等，上下寬窄亦平均。如此，則不論是在個性上，或是耐性上的展現，或是理解分析的能力，大都就能夠有良好且中庸的徵驗現象了。

〈形相之意象〉

大拇指依其形狀之不同，亦有其不同的演繹與徵驗。茲將較為常見的形狀論斷整理歸納，並闡述於次，做為參考之用。

①正直剛烈型

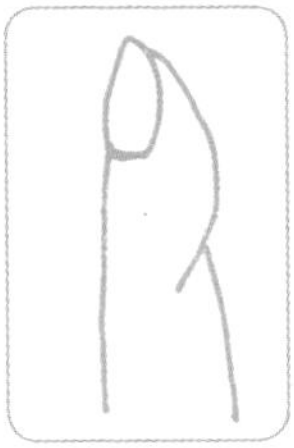

・形狀直硬而挺。代表其人個性剛正不阿、意志堅定、有信心、具領導力，但也往往會有剛愎自用、固執自私的應驗。

②攀權附貴型

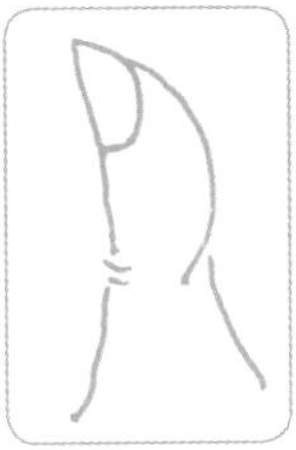

・形狀雖亦如①一般，但略顯外曲之象。可代表其人較重名利權勢的追求，善於辯令、適應力強，然而，情緒也多有傾向不穩定的徵驗。

③古道熱腸型

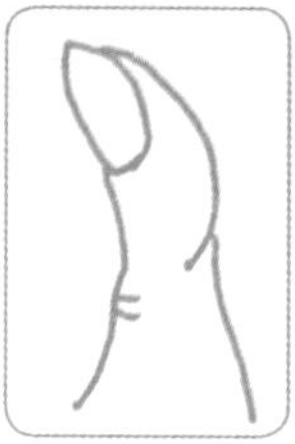

・形狀為指尖向外彎曲的弧度較大且明顯，且質柔軟。代表其人心胸寬大、俠骨柔腸、感情豐富，唯較沒有金錢理財的觀念。

④與人寡合型

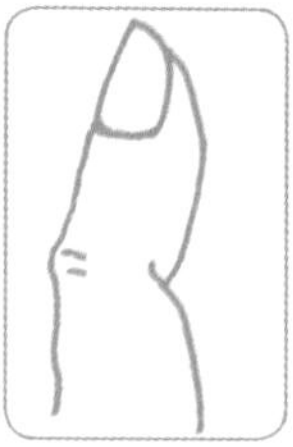

・形狀為拇指無法挺直，且有微向內彎曲之象。代表其人個性內向保守、自私頑固，且善於記仇、與人寡合，甚至有「自閉」的傾向。

⑤虎頭蛇尾型

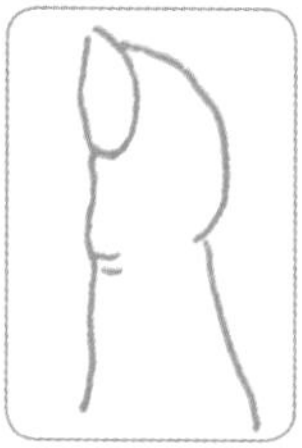

・形狀為指頭豐厚且實，有如產婦隆腹之象。代表其人喜怒哀樂不定、行為處事往往先熱後冷、缺乏耐性與毅力，因此大都屬於一事無成的典型代表。

⑥過狹束腰型

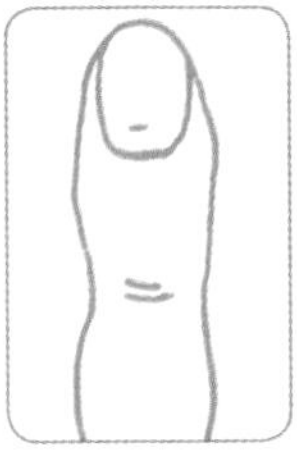

・形狀為指節處有向內縮小之象，代表其人個性冷靜、機巧伶俐且善於辭令。但往往易流於好高騖遠、不切實際之傾向。

⑦自私計較型

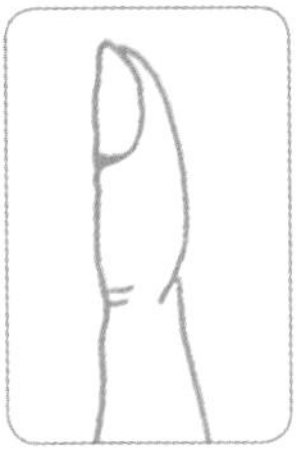

・形狀為光薄如竹面，代表其人固執任性、自私自利、處事沒有原則、人云亦云，而且有勢利和喜新厭舊的習性。

另外，亦有依整個掌型的形狀而論述，如：

①依賴保守型

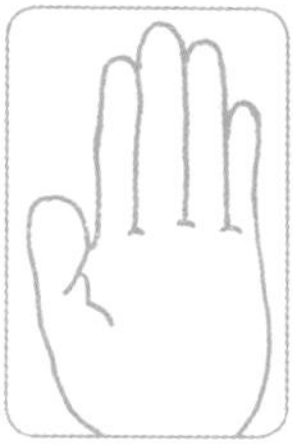

•形狀為五指自然併攏且無指間縫，代表其人個性內向保守、行事謹慎小心，但若從另一個角度而言，則為缺乏開創冒險的精神、缺乏自信心且沒有意志力。

②不拘小節型

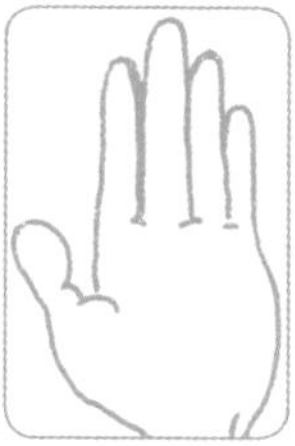

•形狀如前述，但拇指指端外離且食指也不貼切。代表其人個性剛正爽直、熱心助人、不拘小節、不喜耍心機及弄權術，但往往易流於不會轉彎、極端的現象。

以上所舉之例，也僅是寥寥之數種典型而已。然而，天地之大無奇不有，因此還盼各位讀友多多用心去觀察，最好能再加以記錄做統計。能如此，相信不但對自己是一項豐富的收穫與經驗，甚至對相學命脈之承傳，也具有功不可沒的歷史意義。

〈痣之意象〉

有關「痣」的基礎認知與概念知識，各位可逕自參閱拙著《現代公關相人術—面相學》一書中之闡述。是故，筆者於此就不再多做贅述。

拇指上有痣的現象，實在不多見。但依據拇指有象天、象父；象地、象母之意象。因此其徵驗之範圍，即可做為引申與演繹的資料。

(1)象天、象地：

男性的右手拇指，或女性的左手拇指有痣，代表其人忠厚老實、眷戀，且較具有家庭觀念，給人一種信任與安全的感受。

(2)象父、象母：

男性的左手拇指，或女性的右手拇指有痣，主其人一生蒙受父母很大的恩惠與庇蔭。而且，在待人處事上，也會呈現熱誠、樂觀，且能積極地全力以赴的態度。

（註：如果是「死痣」，或是模糊不清且色澤混濁的痣，那以上的徵驗不但薄弱無力，甚至有完全相反的論斷徵驗。）

〈拇指上的紋路〉

拇指上的紋，大致可分為指面上的紋和指節面上的紋兩種。由於此部分比較細膩複雜，所以特將其分別論述於後，希望能讓各位清楚的認識與瞭解。

（一）指節面上的紋

由於大拇指僅有兩節指頭，所以其指面紋亦僅能分為第一指節面與第二指節面兩種，以下分別介紹敘述。

(1)第一指節面紋：

Δ作家紋

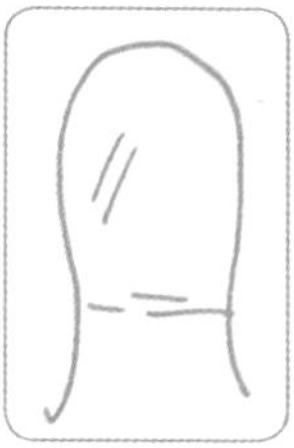

・若是指節面呈現一、兩條微細且傾斜之紋，表示其人具有文學、才藝上之素養，或是在學術、才藝上，具有很傑出的表現。

Δ雕刻抄寫人員紋

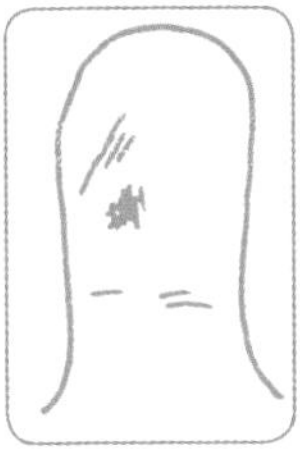

・若是指節面呈現多條細紋，或有生繭的現象，則表示其人可能是經常應用到指上的功夫，如作家、抄寫人員或是雕刻師父等。

(2)第二指節面紋：

Δ破耗紋

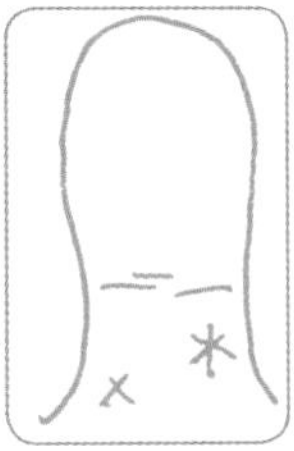

・若指節面有呈現「＊」型，或是「X」型之紋者，表示其人大都會因賭、色、貪慾之不良習性，而身敗名裂，甚至有喪命之虞。

Δ金井紋

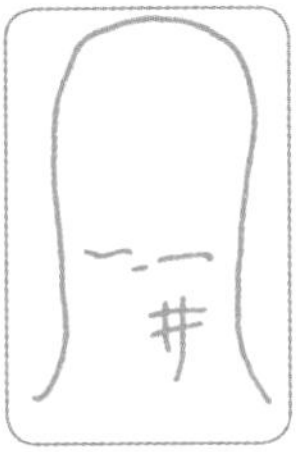

・主財富豐盈，且家庭富貴、出身良好。

Δ玉印紋

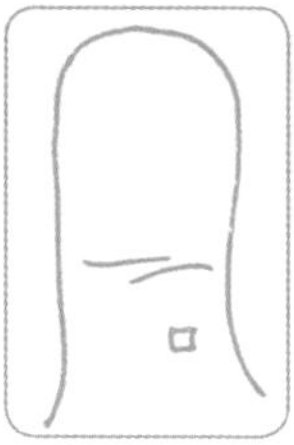

・若指節面有呈現「口」之紋者，主其人蒙受父母、長輩很大的照顧與庇蔭，而且財運亦佳。

Δ玉階紋

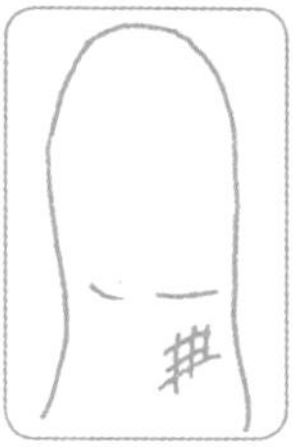

・主其人出生於富貴、有財勢的家庭，且亦擁有豐盛龐大的財產。

Δ橫貫紋

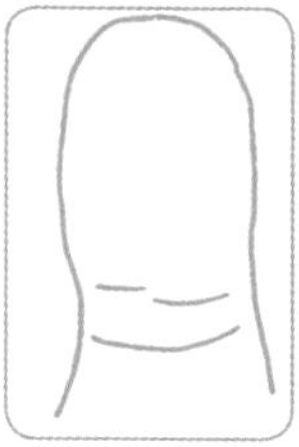

・若指節面有紋橫貫指面且清晰者，主其人不但財源充裕，而且衣食無虞；至於應驗運限，則視其接近指節處之程度而分辨。接近者，表青少年時即可應驗；較遠離者，則應驗於中晚年時期。

（二）指節紋

由於大拇指只有一個指節，所以於論斷上較為簡易。至於指節紋的立論依據，則是以完整清晰或分叉、交錯或模糊而判定。若是完整且清晰者，主其人行事積極果斷、信心十足；若是分叉、模糊或是不完整者，則前述之徵象均較為薄弱且遜色。茲將平日較常見到的指節紋圖示如次：

①夫子眼

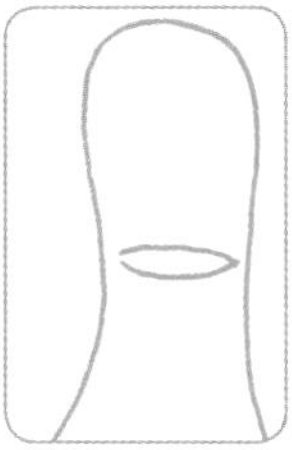

・不只是單一條的指節紋，而且是為兩條明顯分開的紋路稱之，代表著智慧的象徵。若其他四指之第二指節紋，亦有如此的徵象是為「慈悲紋」，表示其人佛心佛性，喜歡幫助他人。

②喪父紋

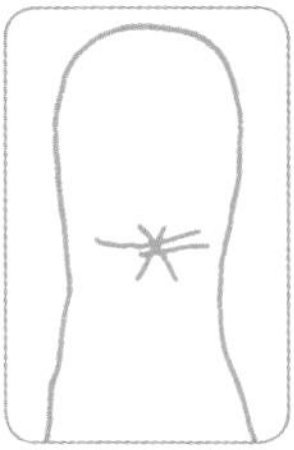

・若指節上呈現有「＋」字型，或是「＊」字型，且交叉破壞之指節紋，代表其人有早年喪父之遺憾，或是於日後出社會無法得到長輩或上司的重視與愛護。

③喪母（偶）紋

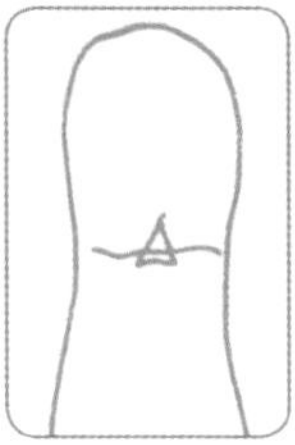

• 若指節上呈現有「ㄙ」字型，或是「Δ」字型，且交叉破壞者，主其人有早年喪母之遺憾；但若是男右手、女左手拇指見之，則是主配偶有災難，或死亡之虞慮。

《相理衡真》卷八‧〈五指分論〉有載曰：

「節上有橫紋直交錯者，必先喪父；節上有勾紋者，必先喪母。凡論文學，正於大指可見，蓋取其節之有紋，重疊如畫眉狀、紋多而長。俗云『夫子眼』也。」

〈指甲的意象〉

一般而言，指甲所呈現的徵象與色澤，大致可看出吾人之信心、氣魄與身體的健康；尤其是心臟功能和血液循環系統之良好與否。

《柳莊相法》下卷云：「指甲乃筋之餘，指甲厚，主人膽大。」又云：「甲薄非美相。」、「女無指甲，一生下愚。」、「指甲朝外，主孤。」

茲將相關之論述重點整理列出如下：

A、拇指

①有「甲底小月」

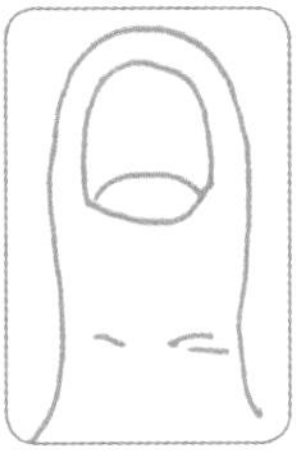

• 拇指之指甲底部，若是其人身體健康狀況良好者，大都會有呈現一半圓形的白色徵象，這半圓形的白色徵象，我們即稱其為「甲底小月」。

②沒有「甲底小月」

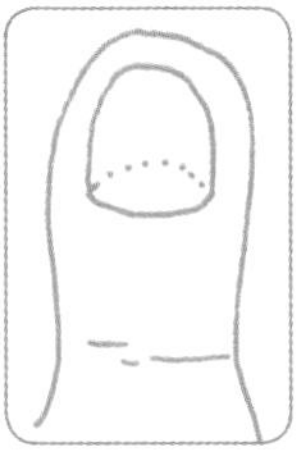

• 若是沒有此一徵象者，大都是身體健康出了問題；尤其是心臟功能與血液循環系統，或者是其一定有嚴重的貧血症之現象。

③白色斑點

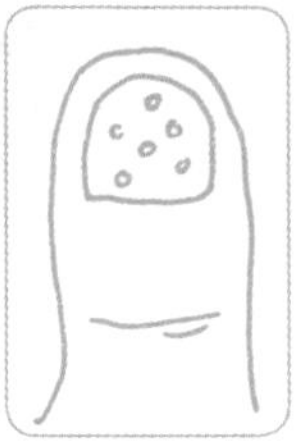

• 拇指指甲面上呈現有白色斑點狀，主其人具有異性之緣，頗有春風得意之態。

④黑色斑點

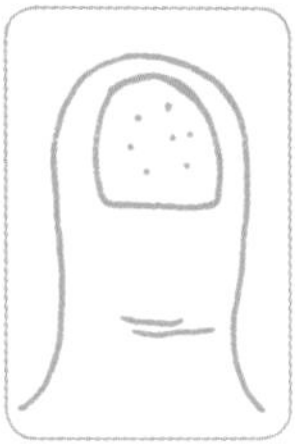

• 拇指指甲面上呈現有黑色斑點狀，主其人個性孤僻乖戾、心性惡毒奸險，甚至具有犯罪之傾向。

⑤白色條紋

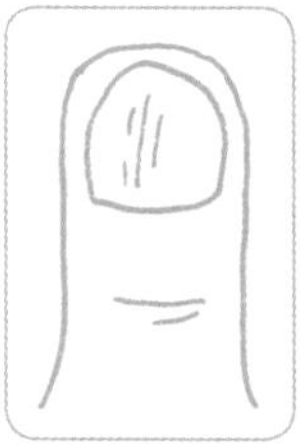

• 拇指指甲面上呈現有一條或是多條的白色條紋者，主其人神經衰弱、煩惱憂鬱，或是為情所困。

⑥滿條紋且呈顆粒狀

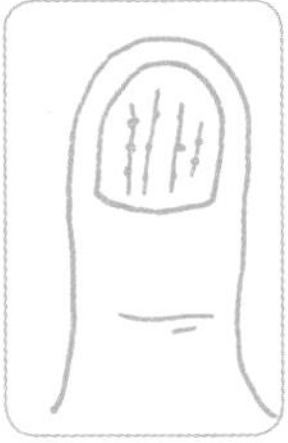

‧拇指指甲面上呈現有溝條紋，且有顆粒狀者，大都因其人吸菸過量，而導致因尼古丁中毒所引起的肺部與神經系統上之病症。

B、食指

《相理衡真》云：「食指獨大者，富壽而承祖業；食指短者，不剋妻而畏妻。」又云：「食指者，手之第二指也。其節極要端正圓滿，最怕歪斜、削小、凹傷，必有不足，如傷食神也。歪者，歪向外而離中指，主極貧；斜者，斜向內而傍中指，主衣食不缺，不免走於四方；小者，更衣食之地而不得其所；削者，敗窮；短者，剋妻、畏妻、食祿不足；曲者，勞碌江湖；凹者，孤獨；傷者，無成；八者之內，論之盡矣！」

食指五行屬木星，代表著一個人的自尊心與需求慾望之多寡，又可演繹出其人之個性如何。

〈指節的意象〉

食指的指節，由上而下，可分為三部分，其所代表的徵象，分別依次釋義如下：

⑴第一指節：可看出一個人的觀察力細膩與否，以及其人之直覺能力的好壞。

⑵第二指節：可看出一個人的企圖心旺盛與否，以及其人爭強鬥勝心之強弱現象。

⑶第三指節：可看出一個人的追求慾望之多寡，以及其人處事能力之能否勝任。

大抵而言，食指的三個指節部分，最好的是第一、第二指節長度相等，而第三指節最好硬挺厚實，如此無論對身心的發展、行為意志力的展現，以及待人處事的種種，均可掌控自如，而且居中庸且不會流於偏執。

〈長短的意象〉

食指的標準認定長度，是以指尖達到中指第一指節的二分之一約許為準。因此，若是超過此標準者，是為長型食指；若是與中指幾乎等長，甚至超過中指長度者，是為過長型食指；若是不及認定標準長度者，是為短型食指；若為未及中指之第一指節紋者，是為過短型食指。

除了以上對於長度有其認定的標準外，在各種類型的意象演繹，也有其不同的立論闡微。為了使大家可以多方面的認識與認定，茲將所收集的資料分別整理並敘述於後。

(1)標準型的食指

表示其人不但能力、才華、智慧與處事態度均有良好的表現，而且性情充滿著活力和自信，是社團之中堅領導人物。

(2)長型之食指

可看出其人有智慧才幹，熱中事業名望的追求。古相書云：「二指長者，平生近貴。」大都有出色的成就。

(3)過長型的食指

表示其人太過自負，有傲慢或獨斷專橫之傾向，野心極大且具有爭強鬥勝的表現慾，最宜藝術、學術上的發展。一般之宗教領袖，或是政治野心家，亦常見到此種手指型。

(4)短型之食指

表示其人心思縝密、多愁善感，個性頑固保守，缺乏自信、自尊心，因此比較沒有積極開創的精神。另外，《相理衡真》云：「食指短者，不剋妻而畏妻。」又云：「短者，剋妻、畏妻、衣祿不足。」

(5)過短型之食指

表示其人性情偏激執拗、缺乏自信心與負責的態度，而且個性亦甚自私自利。

〈形相的意象〉

食指的形相，大致是以剛直秀麗者為吉；若有彎曲、破痕或傷殘者，主凶。古相書上對此亦有明確且多方面的闡述，如《柳莊相法》云：「食指偏，主早年眼疾。」《相理衡真》卷八・〈五指分論〉云：「歪者，歪向外而離中指，主極貧；斜者，斜向內而傍中指，主衣食不缺，不免走於四方；小者，更衣食之地而不得其所；削者，敗窮；短者，剋妻、畏妻、食祿不足；曲者，勞碌江湖；凹者，孤獨；傷者，無成。」另古相書亦有記載云：「食指禿者，父見背。」又云：「食指破裂者，父子訣別之兆。」

因此，食指可以演繹兄弟、衣食祿，以及個性變化等之徵兆，即可見其範圍之廣泛與涵蓋了。

〈痣的意象〉

食指上的痣，大都與個性上的展現有關。茲分別說明如下：

⑴若男性左手食指有痣，表示其人意志力堅強，或是權力支配慾望極為強烈；若是右手食指有痣，其徵驗效應減弱。

⑵若女性右手食指有痣，表示其人個性有如男人一般，即俗稱之「女強人」、「男人婆」典型；若是左手食指有痣，其徵驗效應減弱。

⑶食指上的痣之徵驗，亦與其所在指節位有關。若是屬於第一、第二指節的痣都會有著比較好的徵驗；若是屬於第三指節，則大都有太過或是極端的行為展現。

另外，特摘錄《痣的算命數》陳嘉和先生編譯——

【食指上的黑痣】男性的食指，若是有活痣的話，則會展現強烈的向上心、支配力也強；如果食指與中指一樣長，或是比其他手指粗大時，前述的意象，會有更加強烈的顯像；若是死痣，則是展現虛榮心較強，卻缺乏實行力，除了自己的事以外，大都是本著與我無關的態度來面對之。

女性食指的黑痣論斷：若是右指有活痣，就會展現具有比男性更勇敢、豪邁的大姐派頭，什麼事都可能乾脆爽快地一聲「OK」的承諾扛下來。整體的運勢該說是很強吧！但基於陰陽氣數的論述，對這種典型的女性多少也算是一種自傷現象。若是死痣，就是喜歡照顧他人，而且非要對人親切，或是多餘地插嘴，不容被忽視。但結果卻是失去了原本應擁有的一切，而造成無盡且無奈的遺憾。

〈食指上的紋路〉

食指上的紋路可分為：指節上的紋，以及指節面上的紋兩種。茲分別將其敘述如後：

（一）指節面上的紋

一般於食指面上所出現的紋，大都為「十」字型，或是「＊」字型的紋。若有出現這些紋記的徵象時，當然就是具有比較特殊的徵驗意義，至於其他的小紋路或是一些雜紋，大都是僅顯現一些具負面作用之徵驗，我們只需要稍做提醒或是留心即可。

①十字紋：

Δ出現於第一指節上

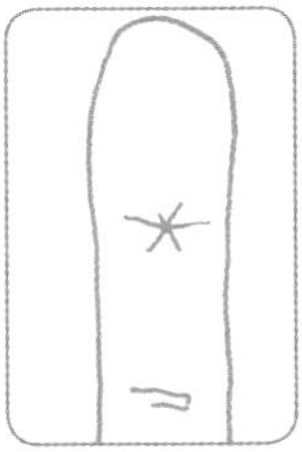

・食指第一指節上出現十字紋，表示其人對於藝術、文學有很高的素養，且均有良好的成就；但亦有少數出現成天做白日夢、一事無成之輩。

Δ出現於第二指節上

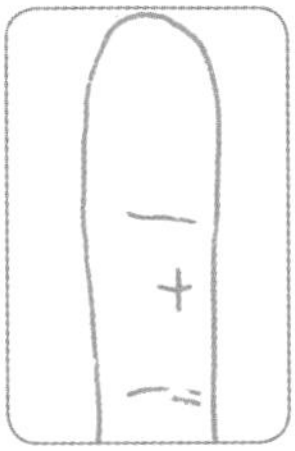

・第二指面上有十字紋者，大都熱中於名利聲望的追求，也是一個趨炎附勢現實之輩。

Δ出現於食指指根部上

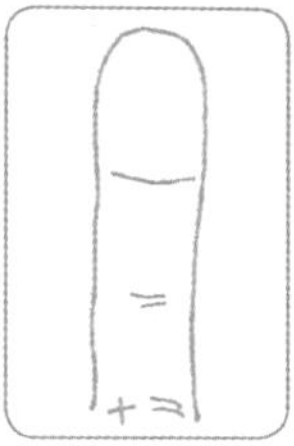

‧出現於食指指根部的十字紋，代表著其人安分守己滿足於現狀。

②＊字紋：

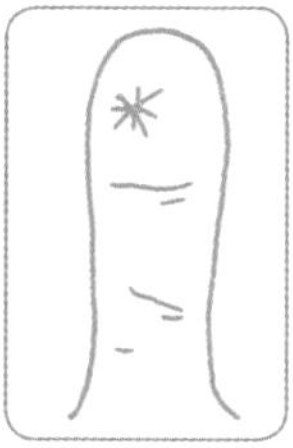

‧出現於第一指節面上的＊字紋，其人大都具有靈異的第六感體質，或是在個性上有不拘小節、不喜受約束的特性，宛如昔日遊戲風塵的異人一般。

類似像這種小橫紋、雜紋的，雖然不會具有非常大的殺傷力，但大都具有破壞的實質靈動力，例如像會造成其人性情之喜怒哀樂不定、缺乏自信進取心、猜疑嫉妒，以及為求目的而不擇手段等徵象。所以說，小兵是有機會立大功，但有時也會成為擾亂軍心的關鍵因素之一，千萬不要輕忽！

〈指甲的意象〉

食指指甲所會出現的徵象，大都是影射或演繹在有關衣食財祿方面的信息。若是指甲面呈現秀麗潤澤之象，則代表著衣食豐富、財源亨通；反之，則會有蹇塞饜或是有周轉不靈的現象。

①白色斑點

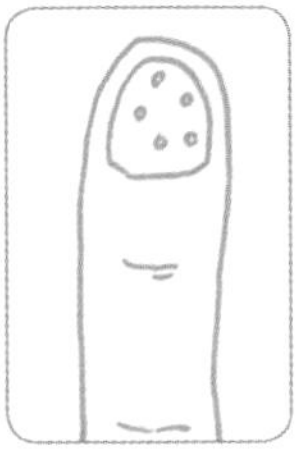

‧若是指甲面上出現白色斑點，代表其人的運途，正在走財運亨通、衣食豐盈的徵象。

②黑色斑點

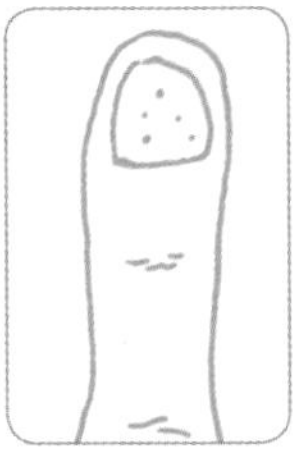

‧若是指甲面上出現黑色斑點，或是溝紋者，表示其人有破財之虞，或是正處於金錢周轉不靈的現象。

C、中指

中指於人之手掌中，是為最長的一根手指頭。《相理衡真》記載：「中指為天地生成之主。」又其五行屬於土星，故不論是中、西相學理論中，都將其代表著一個人的意識形態、主觀的思想信念，以及孕育包含的內涵意象等。因此，中指形相之良莠或好壞，實在是對於我們一生之總評，有著舉足輕重的地位。另外，《神相水鏡集》卷一・第四論記載曰：「五指損傷，亦有所主；大指破損祖，二指剋父，三指剋母，四指剋妻，五指損子。」又有五指之賓主、龍虎之分。茲附圖參考如次。

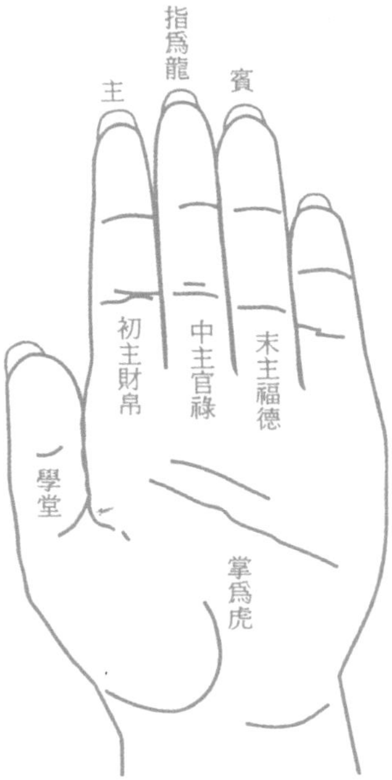

〈指節的意象〉

中指由指尖而下，可分為三部分，而每部分都有其所應證的立論觀點，茲分別將其闡述於下。

(1)第一指節意象：

代表著一個人的道德規範，以及自律律己的徵象。

(2)第二指節意象：

代表著一個人待人處事的態度，以及負責或是積極與否之徵象。

(3)第三指節意象：

代表著一個人的人生觀，以及對事對物價值觀的認定標準之徵象。

總之，中指所具備的意象，大抵脫不出在論斷其人個性的意識思想型態，以及其行為處事所認定的價值觀點。因此，在古相學理論中，它是代表著一個人事業成就與否的成敗重要關鍵因素。

〈長短的意象〉

中指長度的認定標準，是以掌長的五分之四為依據。因此，若是中指長度超過此一標準者，是為長型中指；若是短於此標準者，是為短型中指。至於其相關意象徵驗則分述於後，以供做各位研習上之參考。

⑴標準型的中指：

代表著一個人的個性、思想、道德理念與理智情感等，均可合乎中庸且適切的人生理念。

⑵長型的中指：

代表其人大都缺乏積極開創的精神，人生觀亦較為消極；常常也會出現有替古人擔憂，或是展現出多愁善感等不健康且灰色意識的表現徵象。

⑶短型的中指：

代表其人大都缺乏道德的規範理念，思想奸滑機巧，往往會有為達目的而不擇手段之徵驗事實。所謂「聰明反被聰明誤」之俗語，用在其身上，則是最佳的描繪與寫照。

〈形相的意象〉

《相理衡真》卷八・〈指法總論〉云：「中指與掌同長短者，吉；指短掌長者，奸滑鄙吝。」、「中指歪者，為人性情執拗、恃己偏見、詭異獨行。」又〈五指分論〉亦有記載：「中指斜者，功名中失腳；反者，孤身貧乏、百事難成、謀遠而成疏。」相關資料敘述於次：

(1)尖型

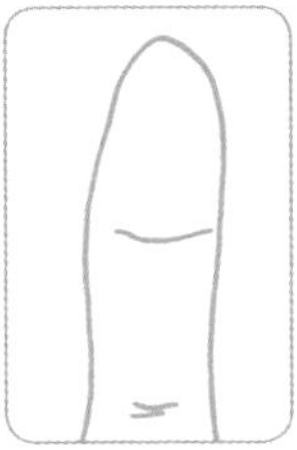

・中指尖端呈尖型者，主其人個性粗魯暴躁、行事欠思慮、草率而行，大抵一生波折蹇塞、勞碌奔波。

(2)橢圓型

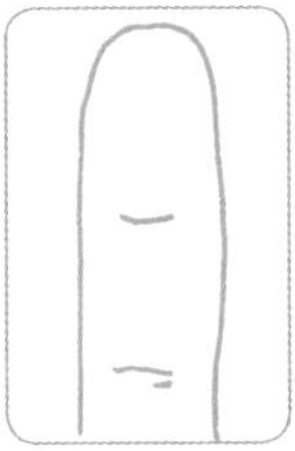

・中指尖端呈橢圓型者，主其人個性保守內向、行事欠積極、缺乏自信心，也經常是人云亦云、風吹牆頭草的典型人物。

⑶方型

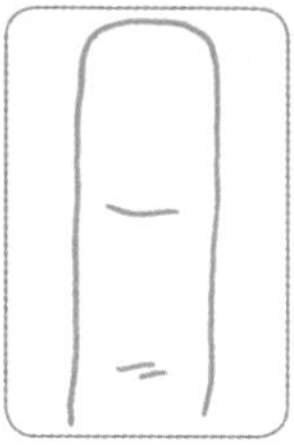

‧中指尖端呈方型者，主其人個性老實穩重、行為處事謹慎，且凡事都會照著預定的計畫目標而行。

當然，除了要參考其因形相不同而會產生不同的意象外，對於其質形之秀麗，或是粗糙，亦是論斷上必須且不可或缺的配合參考資料。大抵上，是以秀麗、光滑或是細膩為上，而粗糙、醜陋或是有傷殘、疤痕者，為惡相。畢竟人生成敗的論點：「事業的成敗與否」，實在是一項極為重要的評分依據，你認為是嗎？

〈痣的意象〉

《痣的算命術》云：「中指的黑痣：男性有活痣，是有活力，長輩提拔的運勢也強，很有常識。由於一生行動不胡來、中規中矩，所以即使有危機也能化險為夷、平安脫困；死痣方面：優點是會察覺細小的事，但也因為神經質且膽小，所以極易喪失應有的發展機會。女性有活痣，是性格明朗、心地豁達的善良人，但卻是經常會有被同事，或是上司誤會，或是找碴、刁難的煩惱；若是死痣，就是在預告妳自己無警戒之心，行事上太過大意，或是易有被人欺騙的危險。」

中指有著「官祿」的意象，因此，若是有痣大都應驗於吾人對外之人、事、物而言。

(1)若是男命，可以代表其人精力旺盛，且事業上有長輩或是上司的幫助與扶持，而且也具有良好的人際關係。

(2)若是女性，因中指的意象與母性有關，所以大都具有慈悲為懷的性情，以及寬待包容的度量；唯最大的缺點就是因為太過於善良而往往導致易受騙上當的遺憾，或是被人故意陷害與刁難的現象。

〈中指上的紋路〉

(一) 指節面上的紋

①鎖身紋

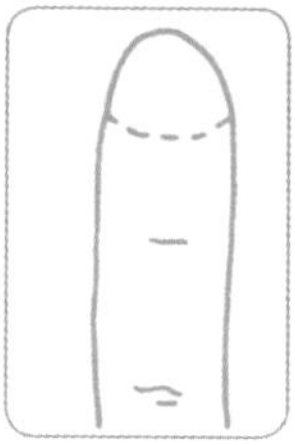

・《相理衡真》云：「前四指有鎖身紋者，凶。」視其所在之指節面，若有必定會有不好的徵驗。

②十字紋

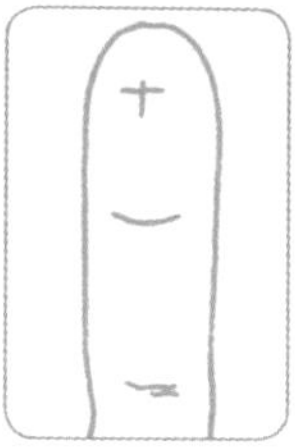

・亦稱為「孤獨紋」，一生孤獨飄零。女性，甚至會有不孕之徵驗。

③幸運紋、④自殺紋

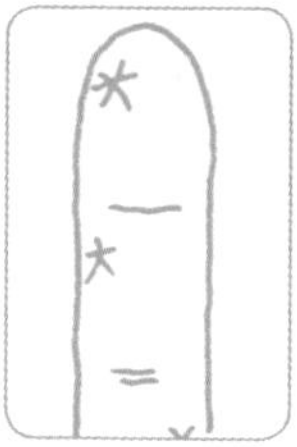

・出現於第一指節面的「＊」字型，或者是「大」字型的紋路，是為「幸運順遂」之紋；但若是出現於第二、三指節面，則反為「自殺、自卑、橫死、罪惡或是自閉」之不良徵驗紋路。

⑤財富紋

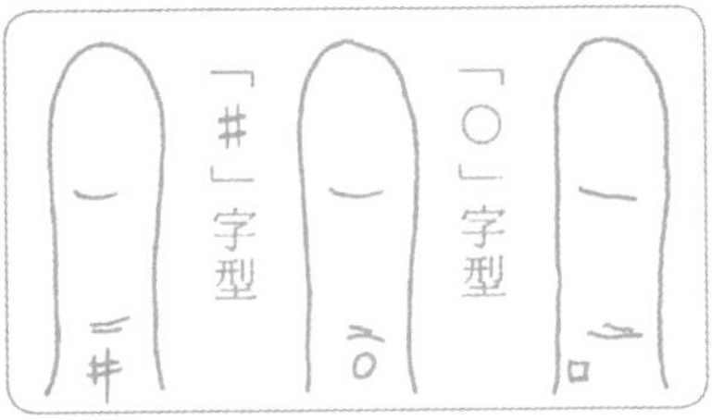

「□」字型

「○」字型

「#」字型

• 若於第三指節面出現有如「□」字型、「○」字型或是「#」字型之紋者，大都主其人一生錢財無虞順遂，衣食無憂充裕；但若是不知守成與節儉，其富亦不超過三代。

（二）指節上的紋

(1)若是第一指節紋完整清晰者，主其人愛表現、個性心直口快；若是呈現兩條以上完整清晰者，主其人受保護過甚，經常會出現無法面對種種壓力與困境之應證。

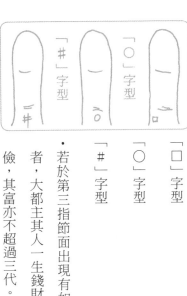

(2)若是第二指節紋完整清晰者，主其人處事有規則、有計畫，積極且負責，但若細淺模糊者，則反之。

(3)若是第三指節紋完整清晰者，主其人能面對週遭環境的歷練；若為兩條者，反主懦弱、缺乏自信且有逃避責任之徵象。

〈指甲的意象〉

中指指甲的色澤徵驗，是在於吾人的呼吸與血液循環系統；若是色潤如玉，主其人身強體健；若呈現灰青暗色，則代表前述的健康系統出了問題。另外，中指亦主中年運，以及腳部毛病，因此，若是氣色不好，即代表中年的運氣不好，或是有腳部疾病之徵驗。

(1)白色斑點

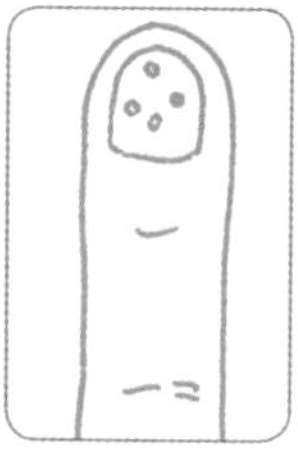

・若指甲面出現白色斑點時，主其人於近日有遠行，或是有變動之徵驗。

⑵黑色斑點

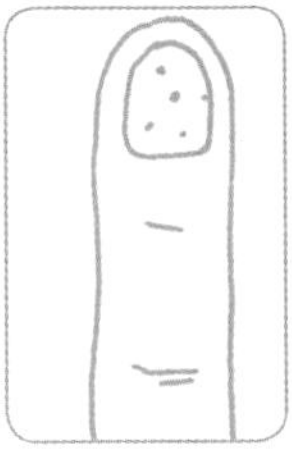

• 若指甲面出現黑色斑點時，主其人於近日應謹防意外災害，或甚至會有危及生命的不幸事件。

D、無名指

古相書云：「事出無名，是謂無名，何以無以為名，只因事關福德也。」福德者，無形之庇蔭與功德，觸之無物，聞之無味，完全繫於吾人一念之間，以及氣數承傳的靈動感應，而無名指所主徵即為「福德」如何？因此以「無名」為名，實在是實至名歸的靈感稱謂。

無名指五行屬火，是為太陽星之象徵，代表著一切外在形象的追求與裝飾。若是以現代的流行用語解釋，即是所謂的「EQ」所闡述的範圍，而「無名」更是甚於其論述訴求之層次。斗數大師堃元先生於其《指掌玄微集》上篇之第126頁中，所研究闡述發表的「十四指節象意圖」，其觀點不但細膩廣泛，而且所闡述的內容更是精闢入微。為使各位讀者便於參考研習，特將其摘錄並繪示如後。

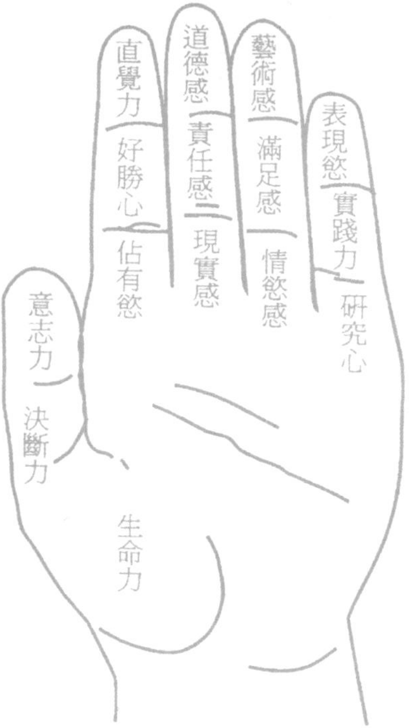

十四指節意象圖

〈長短之意象〉

過去的手相學家認為無名指與食指的長度，應該是幾近於相等的長度，但歷經多年來屢次的測量與統計的結果，方才認定無名指是比食指稍長了一些。因此，有關無名指的長度最後的認定標準，是以指尖達到中指第一指節面的三分之二為是；若是超過此長度標準者，是為長型無名指；若是短於此長度標準者，則是為短型之無名指。

茲將無名指長短長度所會徵顯的證驗意象彙集並闡述於後。

(1)標準型之無名指：

主其人會比較注重精神與心靈層次的追求，對藝術與學術上的感受與學習力極強；亦具有分辨與選擇的鑑識能力。

(2)長型之無名指：

其徵象類似於標準型，不同的是，長型無名指的個性有著一股盲目與附和的展現，甚至會表現出副「只要我喜歡，有什麼不可以。」的任性態度。

(3)過長型之無名指：

亦如前面(2)所述之類象，但其自負的程度越高，甚至有好高鶩遠、不切實際之徵象。

(4)短型之無名指：

主其人任性、情緒不穩定，對現實環境的挫折與打擊會呈現出無力之感。

(5)過短型之無名指：

主其人喜怒哀樂不定、與人寡合、傲慢執拗，因此，往往是一個人見人厭，且經常會造成眾叛親離現象的討厭鬼。

〈形相之意象〉

《相理衡真》云：「無名指歪者，妻性執僻。」又云：「無名指者，手之第四指也。此指為兄弟、妻妾、骨肉，看四十歲後之禍福也。若歪斜不挾傍者，主兄弟骨肉隔角，妻妾刑傷。………於下不露縫者，主末年受用財祿，至驗！」

(1)無名指若呈現彎曲、粗糙或是醜陋者，主其人娶妻不賢、兄弟乖悖、骨肉緣薄，而且，可能其人還會有手腳不乾淨的癖好。

(2)無名指若呈現秀麗、光滑且圓潤者，主其人具有藝術、學術上的才華，且個性敦厚穩實，行為處事中庸和平，亦能適應克服環境的挑戰。

粗糙醜陋型

秀麗圓潤型

〈痣的意象〉

無名指上的痣，亦要視其所在的指節而論。若是活痣，代表著有障礙困難，但可以解決；若為死痣，則是有無法解決困難的徵象。茲摘錄《痣的算命術》中之相關記載，以供做參考。

其云：「無名指上的黑痣：男性，若是活痣的話，即使在藝術、技藝方面有所障礙，或是在交際上及戀愛方面有敵人時，都可以百折不撓的努力與耐性，就可能會達成目的；若是死痣，就是再怎麼的努力，也難打破那道障礙。女性，無名指上的黑痣：有得天獨厚的上司運以及工作運，但對家庭內的事，卻有容易產生不滿的現象；若是死痣，就是很少有親事或是為結婚後的家庭運，如父母及親戚間等之問題，及有許多不愉快的事件。」

〈無名指上的紋路〉

可分為指節上的紋，以及指節面上的紋兩種。茲分別闡述於後：

⑴ 指節面上的紋

①謹慎紋

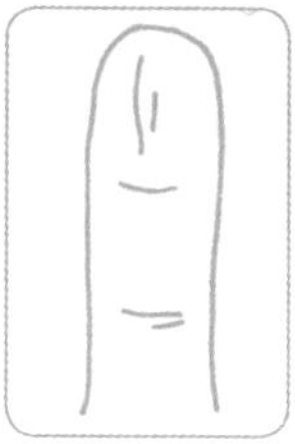

・若是於指端或是第一指節面上呈現直立且平行之紋路，主其人之行為處事謹慎細密小心。

②成功紋

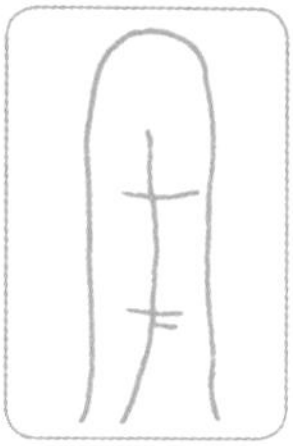

・若是於任何一節之指節面有縱貫整個指面之紋路，主其人一生事業順遂，且有很好的成就。

③好運紋

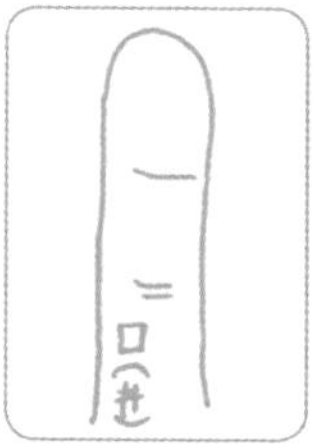

・若是於第三指節面出現有「口」字型，或是有「＃」字型之紋路，主其人一生不論是在事業上、感情上，或是錢財上等之運勢，都會呈現出順遂與得意之徵驗。

④疾病紋

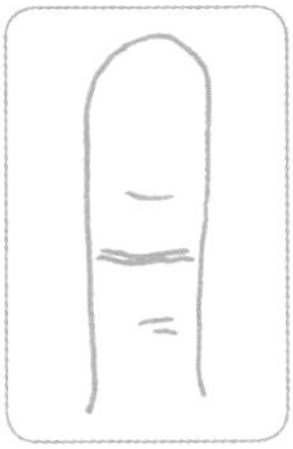

•若是於第二指節面，且是介於上下指節紋中間有兩條平行的紋路者，主其人有暗疾，或是呼吸系統上之病症。

⑤蹇塞紋

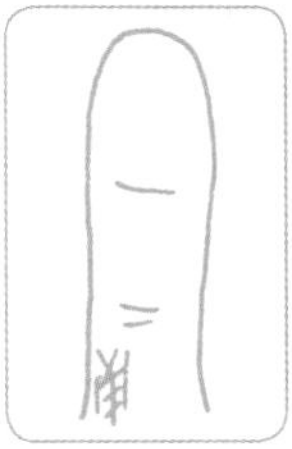

•若是於第二指節面出現有雜亂無章之紋路者，主其人一生運途不順，或是有蹇塞困頓之徵象。

⑵指節上的紋

一般而言，指節上的紋之論斷是依據數量，以及是否完整清晰為主。至於像一些細小之雜紋，或是有小缺陷、凹塌等現象，這些於相學中都算是小瑕疵，雖然會有些影響，但力量不是很大，所以大都省略不論述。基於此因素，故僅將無名指三個指節上比較明顯，且重要的紋路之相關論斷闡述於下：

（一）若是第一指節紋呈現完整且清晰的紋路者，主其人在藝術、學術上之天分很高，也可以有很好的發揮與成就，亦有寬廣接納他人意見之雅量；若是出現兩條或是多條之完整清晰之紋者，主其人是為俗稱的「大器晚成」之典型代表。

另外，若是於指節紋下出現有細小淺顯的橫紋者，是為「貴人紋」，主其人一生大都會遇到貴人之扶持與幫助。

（二）若是第二指節紋呈現完整且清晰的紋路者，主其人理智與情感都能均衡地發展，待人接物、性情和藹受歡迎，亦具有濃厚的家庭觀念，體貼配偶、愛護兒女，是一個標準的好配偶、好父母的典型；但若是僅呈現單一條且深刻明顯的紋路時，大都可以看出其人僅是一個重視物質與肉慾上享受的人。

（註：無名指第二指節紋，一般正常的人，大多數是呈現兩條紋路。）

（三）若是第三指節紋呈現完整且清晰的紋路者，主其人理智、情感與慾望，均可均衡地調節與正常的發展，尤其是對於世俗之現實名利，更是具有明顯抉擇對錯的能力。但，若是出現兩條或是多條的紋路時，則主其人較為注重名利的追求，以及物質、肉慾上享受的傾向。因此這種人的愛情觀念是為一種「有所為而為」的愛情典型代表。

〈指甲的意象〉

①白色斑點

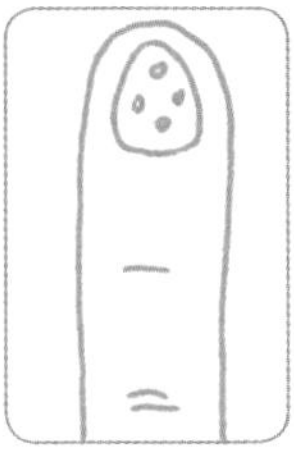

‧無名指的指甲面出現有白色斑點者，主其人運途順遂、人際關係佳、成功的機會大。

②黑色斑點

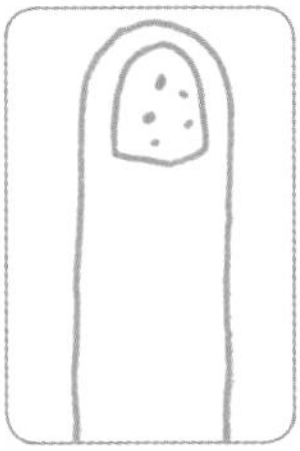

‧無名指的指甲面出現有黑色斑點者，主其人運途乖忤、消耗破敗，或是有意外災害不斷之徵象。

E、小指

小指在五指當中，有最瘦弱與短小的徵象，一般人大都會有輕視而疏忽它的價值意義。其實，小指不但具有扶植無名指的功用外，它更是具有著與大拇指相對，而發揮導引一個人的思想與行為之傾向，因此俗謂「辣椒是愈小愈辣」的描繪，若是加諸在其身上解釋，那真可說是最佳的寫照與實至名歸了。

小指五行為水。故可代表著一個人的聰明智慧、才華學識與逢迎交際的手腕，所以千萬不要對其等閒視之哦！

〈指節的意象〉

常人的小指，一般亦如同中指、食指與無名指一樣，同樣是具有三段的指節。因此，筆者亦將其分別的意象闡述於後，以便做為大家研習上之參考。

(1)第一指節之意象：

代表著一個人言行舉止的表現與模仿能力，以及慾望。若是秀麗且細長者，主其人的表達與學習能力強；反之，則是為遲鈍或是有著無法適當地發揮表現之徵象。

(2)第二指節之意象：

代表著一個人實踐研究的積極性。若是圓滑且長者，主其人做事積極，且富有開創研究的精神；反之，則易流於空談，不切實際。

(3)第三指節之意象：

代表著一個人的辨識、審查與抉擇的能力。若是圓滑且長者，主其人有充分的智慧足以判斷抉擇事物的好壞、善惡或是美醜；反之，則主其人多猜疑、多心，或是有做事猶豫不決之徵驗。

〈長短的意象〉

(1)標準型的小指：

主其人學識淵博，也具有積極實際的人生開創理念，待人接物的態度熱情大方且開朗，是為受人歡迎、事業有成的典型人物。

(2)長型的小指：

具有此長型小指的人，其個性特質的展現，大約與前述雷同。另外，也是擁有非常開朗且樂觀的人生理念。

(3)過長型的小指：

主其人往往高估自己，且有著急欲強求表現自我的現象。凡事總以自以為是的態度行之，完全不顧他人的想法與意見，因此具有此型小指之人，往往極易得罪或是造成他人的反感。是故，想要避免此一不良之徵驗，最好是先行充實自我，對人、事、物的態度謙虛為上，能如此日，後方能有所作為。

(4)短型的小指：

主其人大都對人、事、物有反應太過的現象。因此，往往很容易造成自我神經衰弱或是分裂的傾向。

(5)不規則型的小指：

主其人老於世故、精明狡猾，凡事大都避重就輕、推卸責任、毫無擔當的氣魄。

(6)瘦削骨稜形的小指：

主其人缺乏自信心，易被人所忽視。所以亦經常造成自閉，或是避世的情結；所謂的「古佛青燈常依伴，經書木魚了紅塵。」即是其最佳心境的寫照。

〈形相的意象〉

小指亦可依其形相之展現而有不同的徵驗訊號，試析如次：

①歪曲型

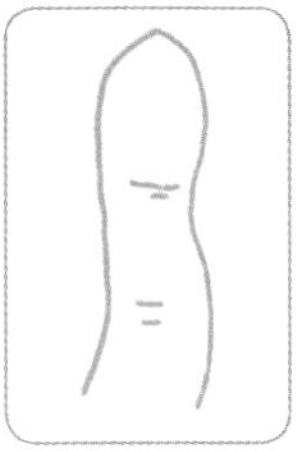

‧小指呈現歪曲之不規則型者，主其人一生的運途不佳、奔波勞碌或有口吃的毛病。

②尖銳型

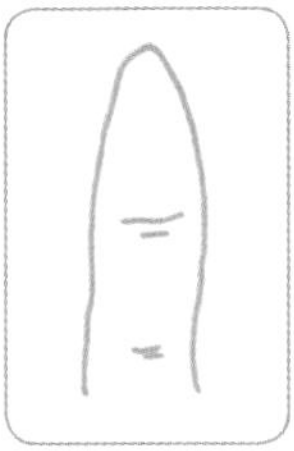

‧小指呈現短小且尖削之象者，主其人行事不積極，亦不善於交際、經濟不富裕；若是小指指端呈現尖型者，主其人極富智慧，且熱心於研究發展的事業。

③四方型

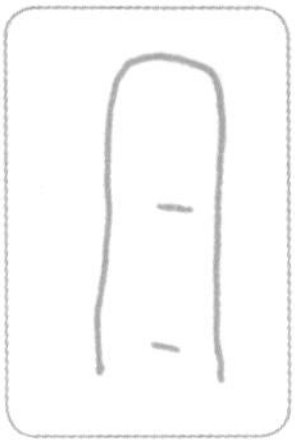

．小指指端呈現四方型者，主其人行為處事穩重踏實、中規中矩，是為成功實業家之典型。

④橢圓型

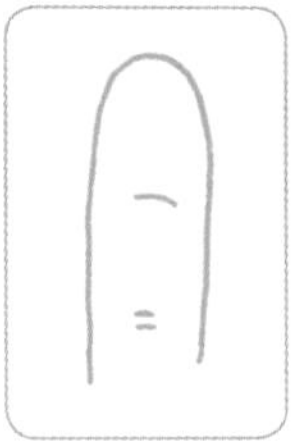

．小指指端呈現橢圓型者，主其人頭腦靈活，具理財、經商的才幹，更可於商場上大展鴻圖、有所成就。

〈痣的意象〉

由於小指表示一個人先天審視研判的能力，以及一些行為才華的展現。因此，小指上有痣，當然就會直接影響了上述之種種結果類象。為了更為清晰易懂的原則，特摘錄了《痣的算命術》中的釋析理論供作參考。

《痣的算命術》載曰：「小指上的黑痣：若是男性有活痣，就是天賜的愛情、結婚運，社交上也很靈巧機伶，有多方面的嗜好，為他人所歡迎；若是死痣，就是有著華麗的一面，若揮金如土的被人家利用，有冒失之點；如果小指短到沒有達無名指的末節程度，或是比其他的手指窮拙，就是社交笨拙，也拙於做生意，多有虧損。

若是女性的小指有活痣，表示有得天獨厚的長輩及家人之愛，在金錢上少辛勞，但在戀愛與結婚上易有煩惱；若是死痣，就表示在愛情方面有兩次煩惱，或為惡緣的愛而痛苦。」

〈小指上的紋路〉

小指上的紋路亦可根據其所出現的位置而分為指節上的紋路與指節面上的紋路兩種茲分別將其釋義如後。

（一）指節面上的紋路

①愛現紋

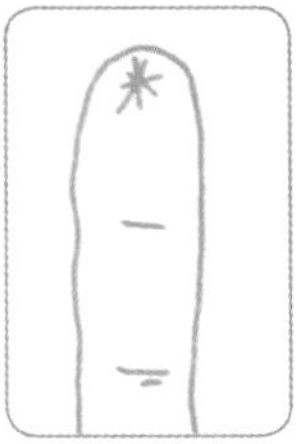

- 出現於小指尖端且呈現出有如「大」字型、「天」字型或是「＊」字型之紋路者，主其人擅於表達自我的能力，宜演藝、律師或是政治事業。

②聰巧紋

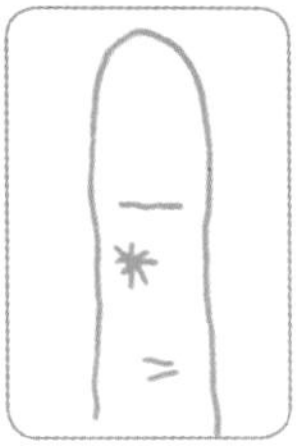

- 出現於第二指節面上之「十」字型、或「＊」字型的紋路者，主其人聰明巧慧，反應敏捷。

③名利雙收紋（一）、④名利雙收紋（二）

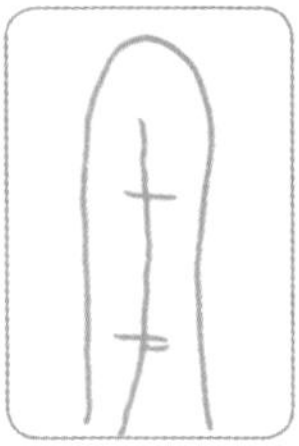

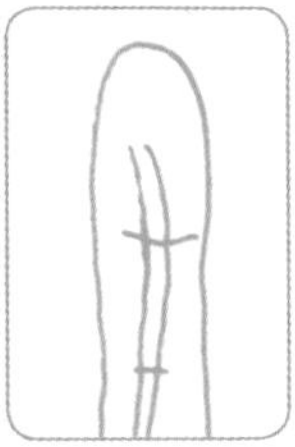

- 若是從小指指根部貫穿整個小指的縱貫紋路者，主其人個性敦厚穩重，待人隨和親睦；若是呈現有兩條以上的如此紋路者，主其人心地善良、且熱心助人，事業上名利雙收，也能獲得大家的尊重與肯定。

⑤犯罪紋（一） ⑥犯罪紋（二）

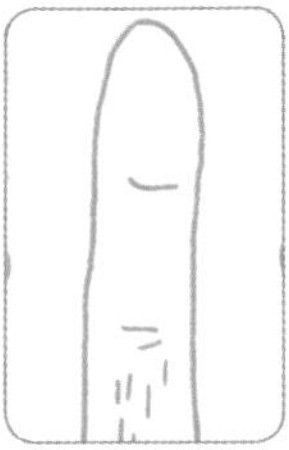

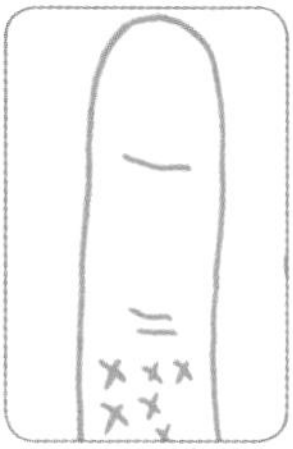

・若是於第三指節面上出現有如：細小多數的直紋，或是淺短又交叉之紋路者，均主其人有犯罪之傾向，而且也都屬於一種高智慧的犯罪典型。

⑦敷衍塞責紋

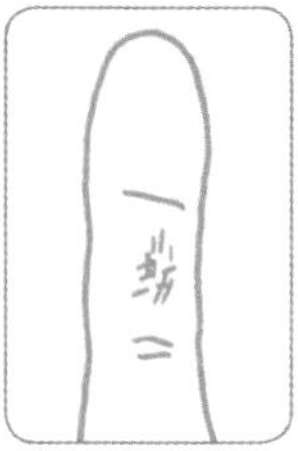

・若是於第二指節面上出現有淺細短小且繁雜之紋路者，主其人做事不實在、缺乏信諾，且有言行不一、凡事虛應了事之徵驗。

⑧孤獨紋

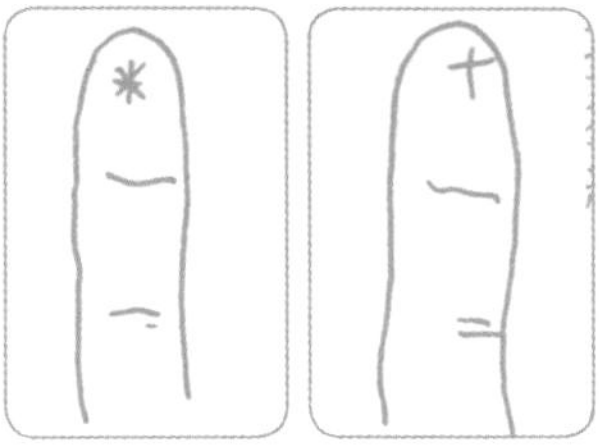

・若是於第一指節面上出現有如「十」字型，或「＊」字型的紋路者，主其人大都個性內向木訥、不善辭令、與人寡合，且有拒人於千里之外的個性典型。

⑨自甘墮落紋

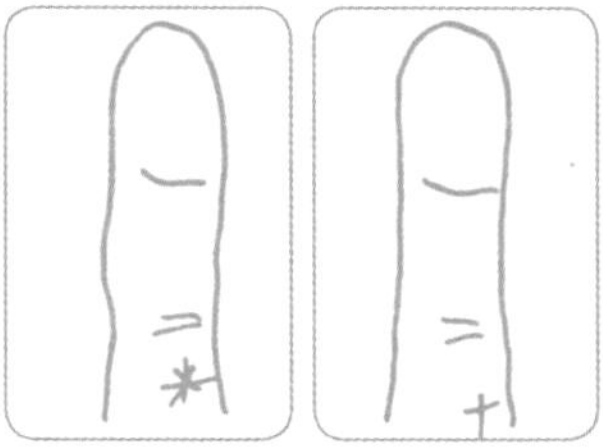

・若是於第三指節面上出現有如「十」字型，或「＊」字型的紋路者，主其人只是貪圖享受，完全沒有廉恥的觀念，是為「笑貧不笑娼」的典型；若是出現雙雙對對者，主其人會因此而招致意外之災厄，甚至會有死亡之虞慮。

⑩才藝紋

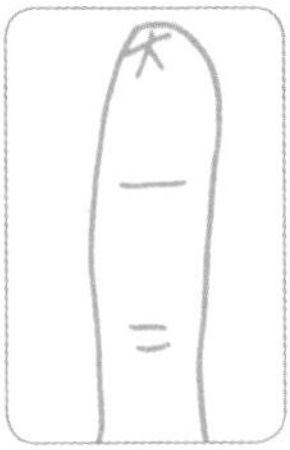

・若出現於小指指端有「＊」字型紋，或是「大」字型紋者，主其人才華橫溢，且可以充分地發揮表達其所擅長的才能與技藝。

（二）指節上的紋路

小指指節上的紋路，亦是根據著其是否呈現完整，或是清晰的程度狀況而來判定。亦將其資料分析於後。

⑴第一指節紋：

若是呈現一條完整且清晰的紋路者，主其人對於其行為處事，或是待人接物的態度上，均有明確且明智的判斷與抉擇；如果若是呈現兩條或是兩條以上之紋路者，主其人之行為處事的態度更是會顯現出積極主動的一面，而且也喜歡展現其個人的魄力。

⑵第二指節紋：

若是呈現一條完整且清晰的紋路者，主其人對於任何事物都會有全力以赴的徵驗；如果若是呈現兩條或是兩條以上完整且清晰之紋路者，主其人大都言行不一，或者會展現出做事虎頭蛇尾、沒有貫徹始終的現象。

(3)第三指節紋：

若是呈現一條完整且清晰的紋路者，主其人個性純真樸實、行為處事單純且全力以赴，如果若是呈現兩條或是兩條以上完整且清晰之紋路者，主其人興趣廣泛、多才多藝，然而，遺憾的是，其行徑大都是以有所為而為的心態去學習與表現之。

〈指甲的意象〉

小指也會有指甲相關的論斷徵驗，茲將其整理彙集並解說如下：

①白色斑點

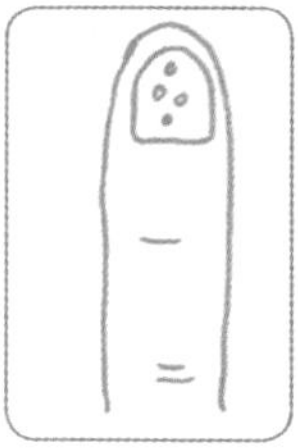

・若是小指的指甲面出現了白色的圓形斑點者，主其人事業、名利，均有著非凡的成就。

②黑色斑點

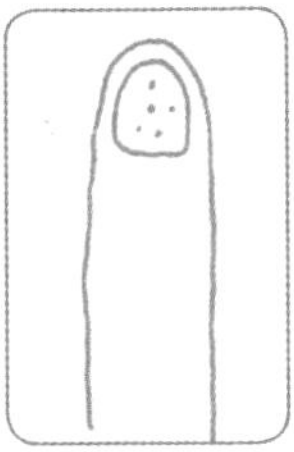

・若是小指的指甲面出現了黑色的不規則斑點者，主其人運途不順，且會有耗材破敗之徵象。

③半月形

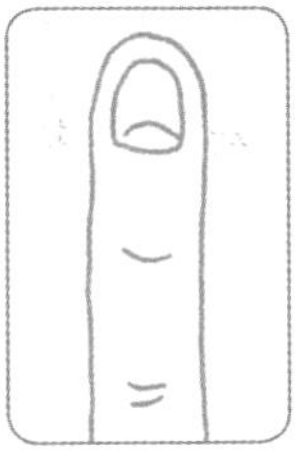

・若是小指的指甲面底部有呈現「半月形」的區域形塊者，主其人身體健康無疾病。

第三節　指紋概論

指紋者，根據古相書所記載的大致可分為：螺紋與畚箕紋（或是稱為「筺篣紋」）二種。如《麻衣神相法》中所云：「十指上有旋螺者，榮貴；旁瀉如筺篣者，破財。」然而，由於古籍資料的不完整與缺失，造成今日的研習者，只好自己去摸索與探求，當然，這其中的良莠虛實，亦不能僅以對錯之言語批評，因為這完全僅是在於個人之學習，以及認知的角度上不同而已。是故，筆者在面對此資料如此缺乏，以及時下眾說紛紜的狀況下，特將手邊一些比較具有實證而為眾所周知，且合乎時空環境的理論觀點彙集並整理列述於後，希望對有心的研習者，提供一些可應用的參考資料。

《掌相秘笈》概說

《掌相秘笈》中對於指紋的意義分類有七：一曰「君紋」，其端正而成螺旋狀者稱之；二曰「臣紋」，其成形而筺篣者稱之；三曰「民紋」，不成螺形而成單向弧紋者稱之；四曰「異紋」，橫束於指端著稱之；五曰「藝紋」，成相並之雙螺或雙半螺者稱之；六曰「陰陽紋」，成上下相交之雙螺者稱之；七曰「奴紋」，成尖山形者稱之。如圖示：

陰陽紋

藝紋

君紋

異紋

臣紋

奴紋

民紋

各種指紋的意象，筆者特將古籍典章中所記載之資料彙集整理，其中也加入一些筆者自己的所得經驗一併簡述於後，以便於各位參考與研習。

⑴君紋：最宜大拇指與食指見之，主其人聰明能幹、人際關係良好，最忌見於中指，主中年有大災厄；若是十指全有，亦不宜常人，主有破敗險厄之虞。

⑵臣紋：此紋最好是在中指與大拇指上見到，主平生運途順遂，且多有貴人相助；若是十指全見，反主親緣淡薄，一生運途奔波困頓。

⑶民紋：這是屬於一般大眾之指紋，宜經商做生意，不宜為官從政求功名。

⑷藝紋：若十指中有見到此紋路者，宜從事藝術，或是能培養一技之長；若是見於中指者，主為藝術專業人才；若是見於大拇指者，主父母有此特色之遺傳；若見於食指者，主兄弟中有此特色；若見於無名指者，主配偶會有此特色；若見於小指者，主子孫會有此特色；但亦不宜十指全見，否則反而會有淪於江湖賣藝維生之徵驗。

⑸異紋：又稱「傷紋」。僅見於先天不足、後天失調的狀況，且其人大都會有「破相」之徵象；亦主其人身衰體弱、孤貧淒涼之象。

(6)奴紋：不宜十指全有，否則終生勞碌、奔波困苦。若於中指見之者，主幼年時期貧苦困頓；若見於小指者，為人奴僕、供人使喚，最宜有君紋相配，則中、晚年運途會有漸入佳境之徵驗。

(7)陰陽紋：主其人生活富裕，但卻易沉溺於酒色肉慾之中；亦主以專業技術謀生之徵象。根據一項非正式的統計資料顯示：

①若是十指全為流紋者，大都主其人個性溫順和氣、待人隨和體貼、事業運途多有所成就；但唯一遺憾者，就是可能會在三十歲左右時，發生失去父母中的一位之不幸現象。

②若是十指全見螺紋者，大都主其人個性剛直而烈、不為強權惡勢力，有愈挫愈勇及排除萬難而成功之徵驗。

有關指紋意象之闡述，一般坊間所見到的理論，有依「卦象」來立論闡述的，也有依「形相」來分類論述的，更有精細者，先分左右手，再依次相互研判的，實在是也不勝枚舉。但各家所發表的觀點和意見，對吾輩而言，就宛如是一無價之寶藏、寶庫，亦能實質地提供我們一條學習與探尋的捷徑；再加上近年來，諸如刑案的偵破，指紋辨識的電子系統等，在在都顯示了有關指紋應用與實用之重要性。因此對於指紋徵驗訊號之解讀與研究，對今日的科技發展上而言，實在是一項不可延宕的重要工作，當然最重要的一點，還是企盼各位先進同儕，都能以坦蕩寬廣的胸懷公開所得，而造福社會大眾為是，如此亦不負五術所付予之「救世濟人」的精神與宗旨。

第四節　手、指論斷訣彙集

壹、手指的論斷訣

・《人倫大統賦》張行簡著

△龍骨欲長其充實，虎骨欲短其堅硬。

龍骨者，臂；虎骨者，膊。上為君、下為臣，上壯下細者，龍吞虎；下壯上細者，虎吞龍也。

△鳶肩者，騰上必速，恐不多時；犀膊者，為儒早亨，優於從政。

鳶鳥之肩者，騰上迅速，早而困乏，故屬周鳶肩火色。任之要職，壯歲辭閑，急流勇退。為人犀膊，則為文明之士，幼達長於大政。

△指節欲其纖直，腕節欲其圓勁。

手指欲纖而長，腕節欲圓而勁。

△厚而密者，謀必有得；薄而疏者，必多不稱。

掌中豐厚而柔，指節瑩光而密者，則足智多謀；如其掌薄骨硬，指節疏露者，平生智多不遂。

△勢如排竿當可羨，色如饌血貴可競。

指節若排筍者，身心貴顯；其掌如饌血者，家必殷富。

貳、指甲論斷訣

△《玉掌仙傳訣》

甲如筒瓦，瀟灑心神。

甲似瓜皮，沉昏神氣。

甲薄者，命年短促。

甲厚者，壽算延年。

甲尖者，小智。

甲破者，無成。

甲滋潤者，則財穀豐盈。

Δ甲乃筋之餘，肝之所出，膽之所附。

甲宜堅、宜大、宜硬。堅大者，志高膽大、諸事敢為；短而軟者，志弱膽小、臨事怯懦。

甲堅者，心高多貧；甲硬者，性剛、做事急性；甲軟者，臨事懶惰、立身窮蹇、多學少成，處事有始無終。

△《太清神鑑・爪部》

爪之為相，亦可擇其美惡，見其賢愚也。

尖而長者，聰明。

堅而厚者，壽。

禿而麤者，愚鈍。

缺而落者，病弱。

色紅而瑩者，主貴。

色黃而薄者，主賤。

色青瑩者，忠良之性。

色白淨者，閒逸之情。

如桐葉者，榮華。

如半月者，快樂。

如甄瓦者，技巧。

如板瓦者，淳重。

如尖鋒者，聰俊。

如皺石者，愚下。

△如圖示：

●指甲部

①狹長型

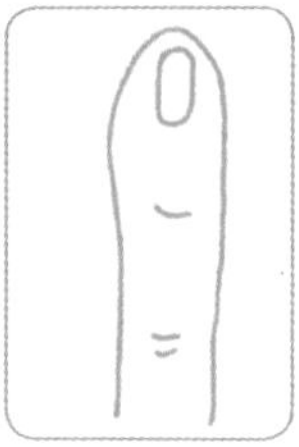

‧主其人身虛體弱、個性多猜忌、固執頑逆，亦易沉溺於迷信，或是空思幻想之意象。

②上寬下窄型（一）、（二）

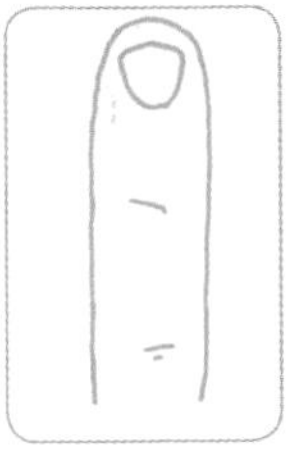

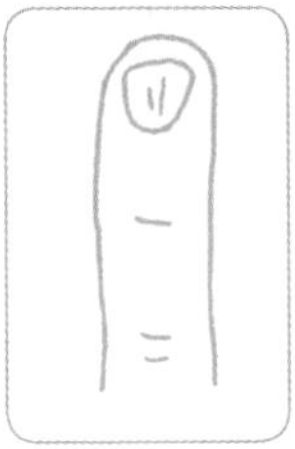

• 主其人易有神經緊張，成天神經兮兮、疑神疑鬼，如圖（一）所示；若是再見有直紋者，則前述的現象會更為明顯且加重，而且做事沒擔當、畏首畏尾，如圖（二）所示。

③短寬型

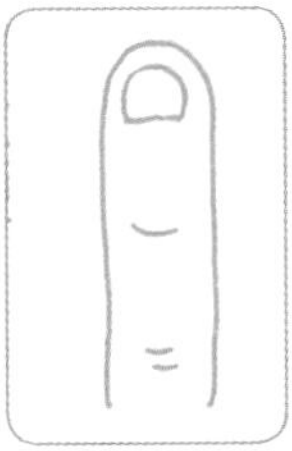

• 主其人性情喜、怒、哀、樂不穩定，且有喜歡東家長、西家短，或是相互猜疑之傾向。

④短狹型

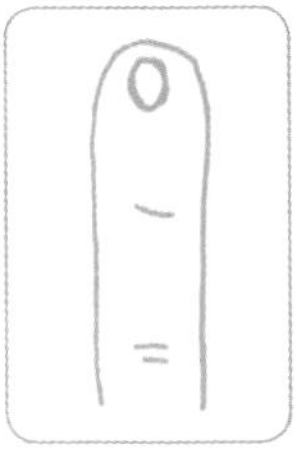

• 主其人個性爆烈急躁，尤其是會有肝臟、心臟功能不好的現象。

⑤圓型

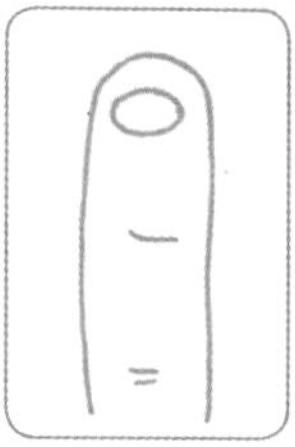

・主其人心性無常，喜、怒、哀、樂不定。

⑥直橢圓型

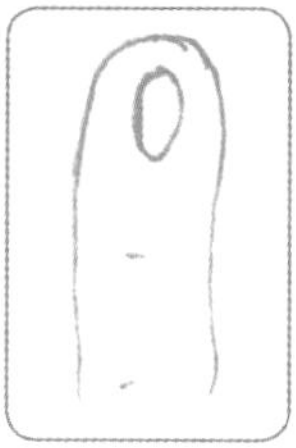

・主其人先天具有審美的能力，對於藝術上的天分甚高，且極易獲得很好的成就。

⑦橫橢圓型

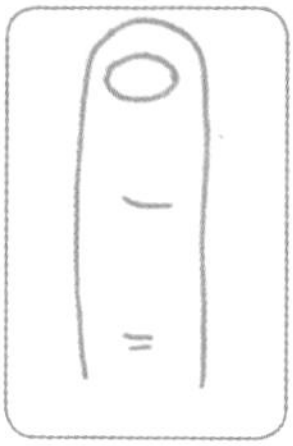

・主其人個性急躁凶暴，往往會有翻臉不認人，或是六親不認的無情無義之徵象。

⑧雜草枝型

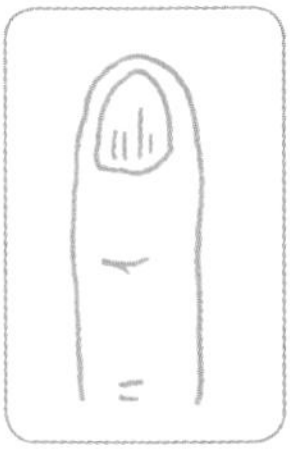

・主其人個性不定、精神恍惚、意志無法集中，有神經衰弱之傾向。

⑨鋸齒型

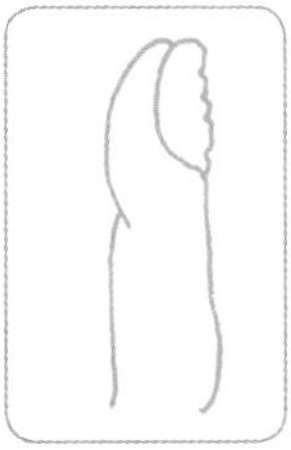

・主其人性情不定、身體健康狀況不佳，且會有大腸、直腸或是肛門部位之疾病，如痔瘡、便秘、痔漏等徵狀。

⑩指面凸起型

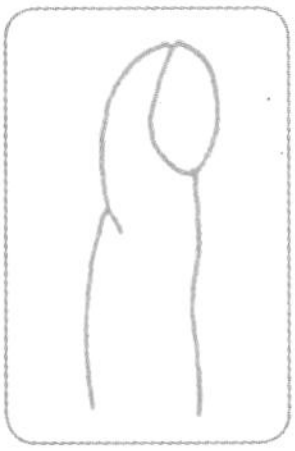

・主其人之呼吸系統出了狀況，而且凸出的現象愈明顯，其症狀的現象就會是愈嚴重。

⑪鷹嘴型

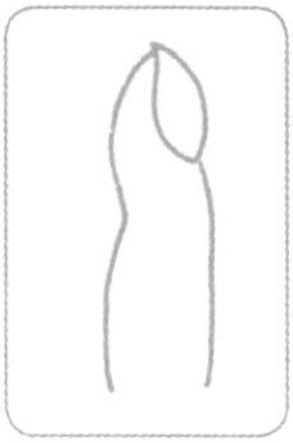

・主其人個性陰險狡詐、心機頗深，且經常設圈套陷害他人。

⑫倒鉤型

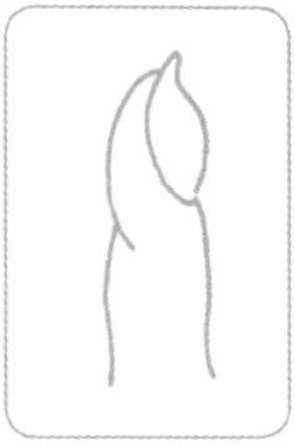

・主其人薄情寡義，僅為一己之私設想，或是會有生殖泌尿系統方面之暗疾。

⑬內凹型

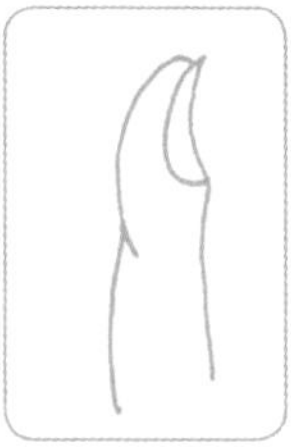

・主其人個性孤僻寡歡，不喜歡與人交往，或是會有精神衰弱之傾向；而且其內凹陷的現象愈明顯，則上述之論斷徵驗就會愈嚴重。

叄、五指間相關之意義與徵象

△五指與八卦的配合論述

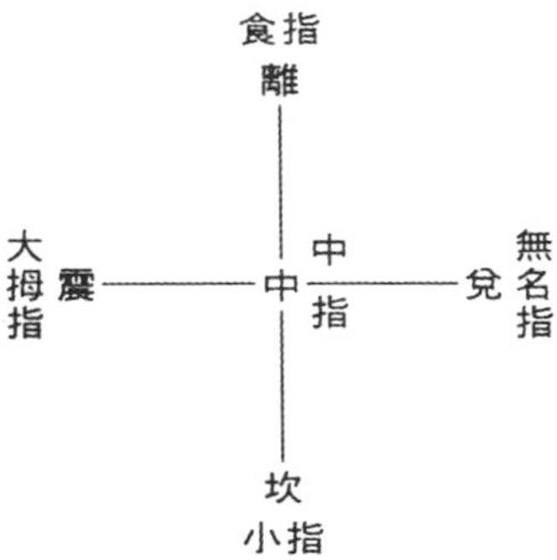

△五指與三才論斷之配合意象

①第一指節＝＜天：代表著與生俱來，先天之意志徵象。

②第二指節＝＜人：代表著人為的環境變化，以及理智的徵象。

③第三指節＝＜地：代表著物質、慾望之需求的徵象。

△相關資料圖表列示：

指名稱	六親	星宿	方位	五行	長生	意義與徵象
大拇指	父母	金星	東方	木	亥	意志力、發展潛力、決斷力。
食指	兄弟	木星	南方	火	寅	自尊、慾望、野心。
中指	自己	土星	中央	土	申	思想行爲與判斷力。
無名指	妻妾	太陽	西方	金	巳	藝術、才藝與辨識能力。
小指	子女	水星	北方	水	申	實行力、機變力與智慧。

△若五指均長者，主其人過於吹毛求疵、注重小節；若為均短者，主其人行事積極，但有時亦嫌毛躁焦急，也是喜歡與人抬槓的典型代表。

△若是五指短而粗糙者，主其人聰明才智往往用於不正當之途徑；若再呈現內彎者，主性暴凶殘。

△若五指豐滿肥厚者，主其人好逸惡勞、懶惰無進取之心；若是均呈瘦削且露骨者，主其人尖酸刻薄、苛刻，且是一個視錢如命之輩。

△若五指呈變曲，且形狀醜陋粗糙者，主其人性暴凶殘、無人性，往往易有犯罪之傾向。

△若指端肥厚豐滿者，主其人心思縝密、做事周詳有計畫；若是呈現尖薄者，主其人愛鑽牛角尖、善辯，但卻是滿有才華之輩。

△若食指與拇指間距寬廣者，主其人個性正直光明；反之，則上述之徵象減分。

若食指與中指間距寬廣者，主其人個性不喜受約束。

若無名指與中指間距寬廣者，主其人個性任性、自私，沒有互助的觀念。

若無名指與小指間距寬廣者，主其人個性崇尚理性的自由。

△若是食指偏向於拇指者，主其人個性有過於放縱的傾向。

若是中指偏向於食指者，主其人個性不切實際，且會有迷信的習性。

若是中指偏向於無名指者，主其人心地善良、善解人意。

若是無名指偏向於中指者，主其人個性憂鬱，且經常會有自尋煩惱之徵象。

若是無名指偏向於小指者，主其人具有藝術才華與審美能力。

若是小指偏向於無名指者，主其人熱中於藝術與學術的追求。

Δ五指指間的縫隙：

《相理衡真》卷八・〈指法總論〉有云：「下漏則散財不聚，上漏則六親少力。」

①食指與中指間的縫隙，主其人的身心發展、思想與意識形態，往往會有不平衡的徵象。

②中指與無名指間的縫隙，主其人經常會對現實不滿，而抱怨發牢騷之象。

③無名指與小指間的縫隙，主其人往往會有自我吹噓、自我滿足，以及喜投機僥倖的心態而終至一事無成。

Δ五指形相之古籍論斷訣：

《柳莊相法》

食指偏，主早年眼疾。

中指偏，主中年足疾。

無名指偏，主晚年腳疾。

小指偏，主老年氣疾。

《相理衡真》卷八・〈指法總論〉

歪者，向外離祖，立身貧寒。

斜者，雖有衣糧，奔走四方。

大指歪斜者，其人勞碌無成，經營費力而一生受苦。

中指歪者，為人性情執拗、恃己偏見、詭異獨行。

無名指歪者，妻性執偏。

小指歪者，不利子息、爾東我西、雖有若無。

《相理衡真》卷八・〈五指分論〉

食指歪者，主極貧。

食指斜者，主衣食不缺，不免走於四方。

中指斜而反弓者，必主孤窮。

中指斜者，功名中失足。

中指反者，孤身貧乏、百事難成、謀遠而成疏。

無名指若歪斜不挾傍者，主兄弟骨肉隔角，妻妾刑傷。

《相理衡真》卷八‧〈指法總論〉

少年五指斬傷或病損，各有所主：

大指破祖。

二指剋父。

三指剋母。

四指妨妻。

五指刑子。

…………

五指……傷者破財無成。

Δ五指指節行年法：

《相理衡真》卷八‧〈掌內行年氣色論〉云：「掌行年氣色，乃天地陰陽生成之數。自大指下起，五歲一節，數至小指，共七十歲，名曰『換基』；又自小指起數，一百歸中指，此元妙之機也。其行年之間吉凶有驗，斷之無疑也！」

私自臆忖，此「換基」之週期為七十歲，又依五歲為一數，此種概念就宛如命學中之論大限一般，而世俗間亦有「人生七十才開始」之論調流傳，這其中的玄機與氣數的演繹，似乎又有些相互呼應之徵象。這是否也意味著命學與相學之間有某種息息相關的契合，以及天地間氣數演變之吉凶禍福，均蘊藏著某種的訊息與徵驗信號。

當然，五術中之科目理念均源自於《易經》，而《易經》又是在闡述天地間自然氣數的演變道理。如此，命學與相學間之默通暗合，即有其道理可尋了；然而，這也僅是筆者私自臆忖之因素，而各位讀友同儕，如果有更好且更精闢的見解，亦不妨相互研究探討，如此藉著教學相長之便切磋，豈不又是人間一大樂事！

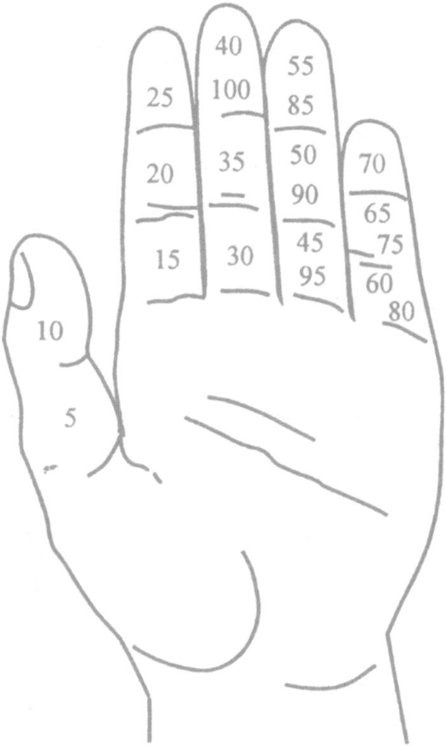

指節行年圖

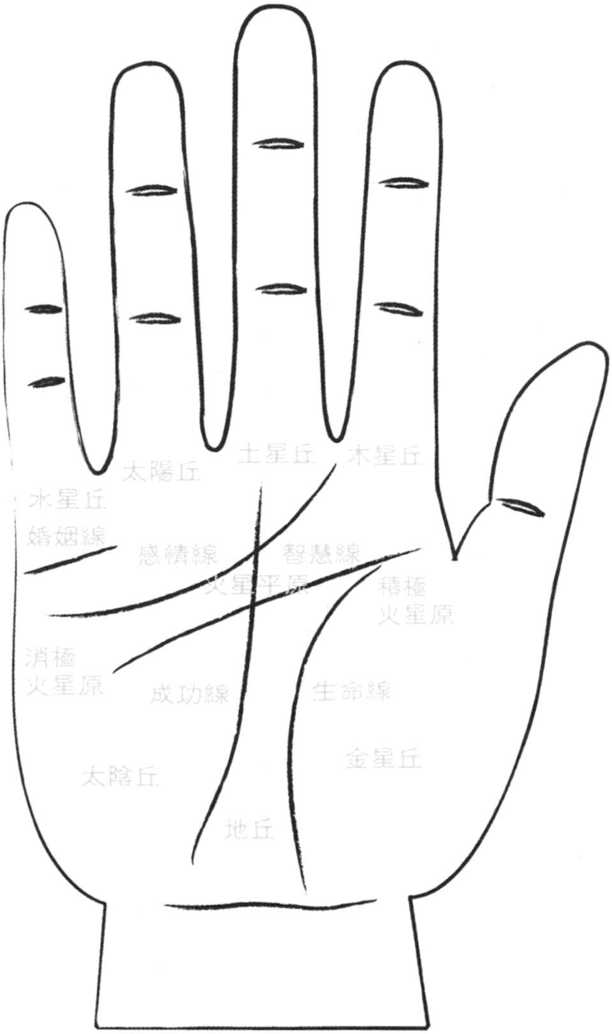
土星丘
木星丘
太陽丘
水星丘
婚姻線
感情線
智慧線
火星平原
積極
火星原
消極
火星原
成功線
生命線
金星丘
太陰丘
地丘

第四章 論掌

手指相與掌相二者，是手相學中最為重要的論述關鍵。而有關手指相的理論與斷法，筆者已於之前各章節介紹得很清楚，相信各位亦已有所心得與瞭然。

研究手相學，除了手指相的部分以外，手掌相法當然也是一個不可或缺的研習項目。然而，綜觀時下的手相學理論，尤其是「掌相」，更是讓人看了眼花撩亂，其中有中國的理論說法、有西洋的觀點解說，實是不一而足、莫衷一是；再加上一般人崇洋媚外的心態，以及加上中國數術之學原本就較具「形而上」且原理深奧，致使一般欲研習者有望而卻步的現象。是故，也導致時下以西洋手相學論述的人佔了較大多數，而中國原本的資產精粹，卻是乏人問津地有如門可羅雀一般。

基於這些因素使然，導致現今在相學一脈的發展，反而不如西洋相學來得普遍與流行。這種現象對於一直以來都是以「五術王國」自許的我們而言，自然就會產生一種異樣與不敢苟同的感受；但是光說、光是有感覺，對事情一點助益也沒有，我們必須要有實際的行動，才能改變這現實的一面。因此，在此還要呼籲各位同儕大德們能多用些心思來探討我們自己的東西，當然更要將一些錯誤的觀念如「家傳秘笈傳子不傳女，或僅是口傳心授等謬誤的心態」更改導正，如此一來相信對相學命脈之承傳使命，必定會有完全不同的風貌與聲勢的節節上升，當然這對於相學命脈之延續任務，更是一件很大的助力與功德。

當然，筆者也並非完全排斥西洋相學的理論，基於「三人行，必有我師」的理念，中、西能相互的參研與探討，去蕪存菁的擇其中之精華而用之，如此地融會貫通，相信對日後於論斷上，一定可收隨手拈來且應驗如神的境界。

中、西方掌相法理論的差異處，主要是在於立論的基礎架構上。西洋手相學是源自於古占星術，因此其理論大都不脫離以「星宿」的理念而闡述，而我國的手相學本就類屬於「五術」中的一科，而《易經》的理念又是其思想演繹的根源點，因此，我國的手相學理論自是脫離不了《易經》、「八卦」之意象徵驗與引申演繹。

第一節　《易經》淺說

我國五術的精髓，均是擷取《易經》之陰陽理念而演繹。因此，對於欲研習者而言，易理的認識與瞭解，自是首要考慮的因素。然而，《易經》這本書在一般大眾的印象中，是展現出一種高不可攀且遠不可及的意識印象，甚至會以有如敬畏神明般的態度，僅是將其供奉在書架上，因而導致現今社會說《易經》的人多，但是真正瞭解《易經》的人，卻如鳳毛麟角般少得可憐。這種現象實在令人感嘆與惋惜，所以筆者趁此之便，也順勢將《易經》是什麼？來做個概略且簡單易懂的闡述，希望對各位有所助益。

一、《易經》是什麼？

《易經》是在闡述天地自然間氣數變化的徵象。其卦象與意象列出於後：

乾☰：為天、為父。

坤☷：為地、為母。

震☳：為雷、為長男。

坎☵：為水、為中男。

艮☶：為山、為少男。

巽☴：為風、為長女。

離☲：為火、為中女。

兌☱：為澤、為少女。

二、《易經》的立論架構

《易經》的立論架構：僅在闡述陰、陽兩大氣數而已。而且開宗明義明白地以太極圖（如圖示）闡述解說「陽中有陰、陰中有陽」的理念。如：

(1)若是陽代表著是男性，則「陽中有陰」之含意，即是代表著男性體內，同時也具有陰性的荷爾蒙。

⑵若是陰代表著是女性，則「陰中有陽」之含意，即是代表著女性體內，同時也具有陽性的荷爾蒙。

●黑色部分：「陰」

○白色部分：「陽」

三、《易經》卦象的意義與過程演繹

《易經》藉由自然界的各種意象，來闡述人、事、地、物間之變化；如上經的三十卦是以乾、坤二卦為首，來演繹天地間因自然現象所產生之變化；下經三十四卦，則以咸、恆二卦做為人事氣數變化之始因，而最終又以既濟、未濟二卦解釋「天行健，君子以自強不息。」

四、《易經》六十四卦的由來

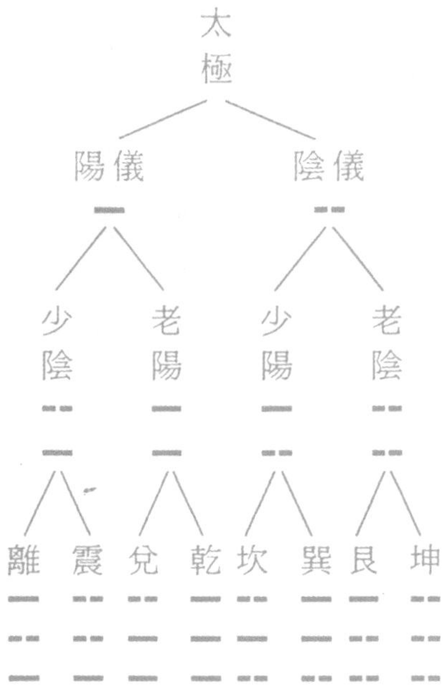

五、《易經》卦爻的意象

《易經》卦爻的最佳引義，就是現今科學上所稱的「電磁波」。又根據其所畫之形象，也有其蘊藏的意象與含意。

地：蘊育、出生期。
天：變化、轉型期。
人：成就、總結期。
此亦稱為「三才」。

六、《易經》的組織架構整理

《易經》的組織架構，可分為「四傳」與「十翼」，敘述解說如下：

(1)四傳：即繫辭傳（亦稱『易大傳』）、說卦傳、序卦傳與雜卦傳。

(2)十翼：上、下經的彖辭，上、下經的象辭，上、下傳的繫辭，文言（僅乾坤二卦有），說卦傳、序卦傳，以及雜卦傳。

基於篇幅所限，僅將《易經》之大概的意象與內涵，簡單地介紹敘述。然而，雖僅是概略地將《易經》輪廓勾畫輕點，但是對於有心的讀者而言，相信必然也會有所體會與領悟；至於更為深入且為高階「應用神準」的妙法，待日後有緣，筆者再著作專書與大家共同切磋參考與探討。

第二節　中國掌相法理論

中國數術學之精髓在於《易經》的理念，而掌相法亦是屬於其中之一科目，是故，當然也就脫離不了以《易經》之理念做為論斷之參考依據。

由前述得知《易經》的組織架構，其源自於太極之道的引申與演繹，亦即太極生兩儀、兩儀生四象、四象而後生八卦，如此地再繼續衍生出所謂的八八六十四卦。而中國的掌相法理論，即是應用此八卦的意象來做為其論斷上之參考與依據。以下茲將相關的基本認知理論法則歸納整理，以供大家研習上之築基參考。

一、先、後天八卦圖

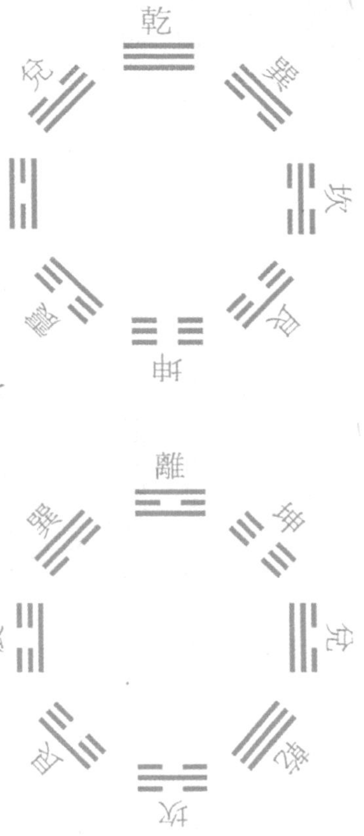

二、掌中「八卦九宮圖」

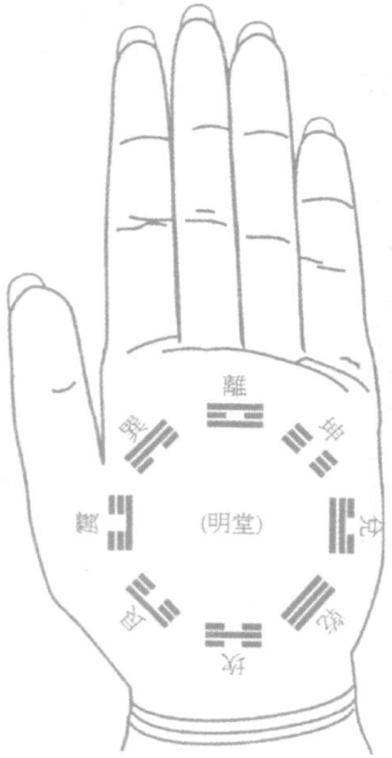

註：

①「八卦九宮」即為乾、坎、艮、震、巽、離、坤、兌八卦，再加上掌中央（掌心）之「明堂」部位而稱之。

②《說卦傳》言先、後天八卦訣：

・先天八卦

「天地定位，山澤通氣，雷風相薄，水火不相射。」

・後天八卦

「帝出乎震，齊乎巽，相見乎離，致役乎坤，說言乎兌，戰乎乾，勞乎坎，成言乎艮。」

三、古籍理論掌集參考

《相理衡真》卷八・〈八卦所屬歌訣〉：

乾為天門、為父，居戌亥，屬金。
乾為天位，主西北。
包含萬象察天機。
若要知得兒孫事。
此位濃肥貴子推。
坎為海門、為根基，居子，屬水。
坎地肥濃貴可尋。
有紋穿上貴人欽。
此宮低陷紋流散。
會遇風波水患侵。
艮為田宅、為墳墓，居丑寅，屬土。

艮上飛針兄弟稀。
縱然亦有也分離。
長幼不及中年事。
各自分屬獨自栖。
震為妻妾、為立身，居卯，屬木。
震為身位自居東。
聳起滋紅百事通。
低陷防妻有剋損。
要知端的在其中。
巽為財帛、為祿，居辰巳，屬木。
巽宮驛馬位高強。

若起巒峰性必良。

缺陷更兼紋又破。

縱然官貴也癲狂。

離為龍、為官祿，居午，屬火。

離為官祿鎮南方。

破陷榮華不久長。

此位豐隆加爵祿。

看他豪傑姓名揚。

坤為福德、為母，居未，屬土。

坤位為土位四方。

怕見紋深剋陷傷。

紋亂兒男終見破。
更憂母位十分張。
兌為奴僕、為子息，居申酉，屬金。
兌為奴位此中求。
肥潤高起性溫柔。
此宮低陷紋多破。
子僕終須合不留。
中央為明堂，主目下吉凶，屬土
中央深處號明堂。
目下凶危此處藏。
氣若明明生吉慶。

色如黑暗定災殃。

《相理衡真》卷八・〈掌八卦豐隆、低陷歌訣〉

・〈掌八卦豐隆歌訣〉：

乾起祖宗蔭，坎起好根基。

艮起田宅旺，震起好賢妻。

巽起豐財帛，離起享官祿。

坤起好子息，兌起多奴僕。

・〈掌八卦低陷歌訣〉：

乾低剋父母，坎低不受祖。

艮低兄弟稀，震低損妻子。

巽低財帛耗，離低不受祿。

坤低子息無，兌低少奴僕。

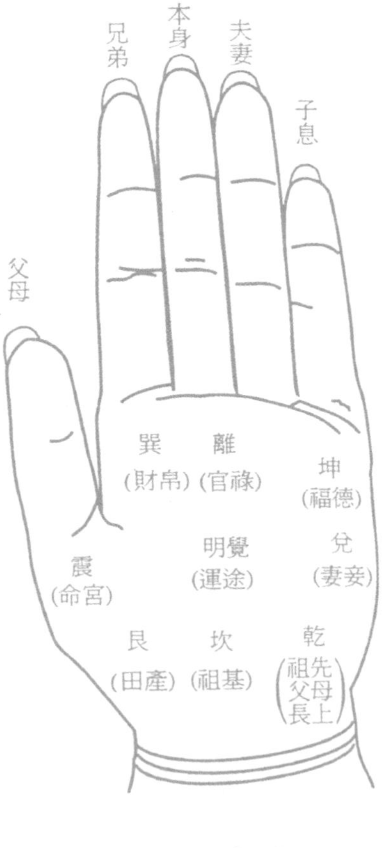

八指掌人事圖

《相理衡真》卷八・〈掌法概論〉

夫掌最要不露骨，骨露則寒，寒則貧也。

・〈掌法秘旨訣〉

大抵掌骨肉平，衣食自然也；手若露骨，六親無力，此論最驗。凡有獨骨者，老必至凶亡。

訣曰：

掌要軟如綿、潤如水、紋如錦、紅如朱、熱如火、手背伏如龜、掌心窩如卵、骨節隱藏、皮寬肉厚，不貴即大富也。掌硬枯乾、色燥氣滯、筋骨粗露，不貧即夭也。掌大指小，早不聚財；掌如豬肝，軍徒難防；瘦不嫌薄，肥不嫌厚。有掌無紋，早歲資財耗散；有紋無掌，晚年衣祿平常。掌細而寬，榮祿、艱辛不免。掌中黑子，家財發達、富而且貴；紋橫一路，其人必棄於市。中指生兩節，此輩終亡於途路；骨重，定主高明；紋奇，但當小爵。浮筋露骨，身樂心憂；腫節漏風，神昏意懶；冷黃似冰，平時多夢陰人；煖色如丹，到老少逢病苦。「X」交叉紋在兩指下，主兩處根基、假子興家、異姓同居；「口」印紋在掌心中，主少年登科第；

「∩∪」棺材紋現於艮宮，四片全者，主死。又云：左斷右不斷，骨肉減一半；兩掌若齊斷，骨肉不相見。

•〈掌三奇論〉

夫，三奇者，坤、離、巽，凸起三角峰也。

《玉掌記》云：「掌中有堆峰，主福厚。」又云：「凸起三峰，限內福祿增。如巽宮一峰最高大者，主想高官重祿；中主顯達；坤宮一峰峻者，主福德，終吉。」

•〈掌骨法論〉

夫，掌最要有骨，骨露則寒，寒則主貧。

大抵骨肉相均，主衣祿自有；手若露骨，六親無力。此論至驗，宜熟玩之。

・〈掌中肉論〉

福生於骨，祿生於肉。

骨重則福重，骨輕則福輕；骨清受清福，骨濁受濁福。

肉少骨多，有福無祿；肉多骨少，有祿無福；肉骨相稱，福祿雙全。

・〈合相格訣〉

人瘦掌滿、人肥掌厚、人大掌大、人小掌小、人清掌清、人粗掌粗，若軟厚紅潤、清秀細勻明朗，主富貴善良。

・〈破相格訣〉

掌大指短，無事得謗。

骨粗筋浮，少樂多憂。

手背骨高，到老苦勞。

人小掌大，只好使錢。

昏粗交雜，孤貧愚昧。

• 〈掌三限論〉

掌以巽為初主，管二十五年；離為中主，管二十五年；坤為末主，管二十五年。看何宮豐滿，則財福俱發；若缺陷，則成敗。

論財：看掌中紋縷。紋密者，則財聚祿；紋疏者，則財祿不聚。

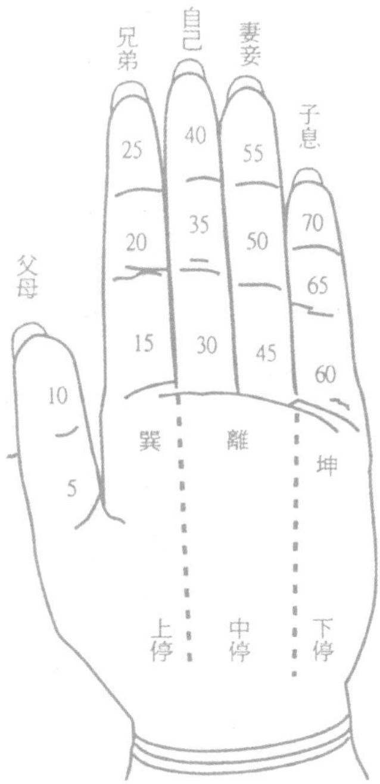

註：此「掌三限論」之運限劃分可比擬參考「面上三停」之理論。拘限於篇幅，請逕自參閱拙著《現代公關相人術——面相學》，其中有詳細的介紹與闡述。

四、八卦九宮意象概論

（一）乾宮

其位居於手掌外緣，小指指根最下，且於掌腕交接之豐隆肉厚之處，與食指下之巽宮部位是居於相對之宮位。（相當於西洋手相法之「太陰丘」部位。）

古相法是用於論斷父子間的相互對待關係，如《柳莊相法》是以「父位」論之；而《相理衡真》與《神相水鏡集》即視為「父子關係」的論斷。

總之，乾卦位於《易經》，即有：為天、為父、為子的解釋。因此，近代的相學家亦有將其應用演繹在長子成敗徵象之論斷。

（二）坎宮

其位居於中指延伸而下之掌腕交接處之部位，其形象大都呈現凹陷狀，且又與中指下之離宮是居於相對之宮位。（相當於西洋手相法之「三角底」，是居於金星丘與太陰丘間之部位。）

古相書均以「根基、祖業」立論。

（三）艮宮

其位居於震宮之下，是由大拇指延伸至最小指掌緣的隆起部位，與小指下之坤宮是居於相對之宮位。（相當於西洋手相法之「金星丘」的下部位。）

古相書之論斷如《神相水鏡集》做為主掌兄弟之意象；《柳莊相法》是以兄弟或是男女間之友情與情慾立論；而《相理衡真》則以兄弟、田宅與祖墳關係綜合論述。

（四）震宮

其位屬於大拇指指根下之豐厚隆起部位。（相當於西洋手相法之「金星丘」的上部位。）

《麻衣神相》是司掌命宮自我之意象；而《柳莊相法》與《相理衡真》則除了相同地有命宮之論法外，亦兼具夫妻、情慾之論斷演繹。

（五）巽宮

其位居於食指根部之豐隆部位。（相當於西洋手相法之「木星丘」與「第一火星丘」間之部位。）

古相書均以財富論之。然財為養命之源，因此對於與財源有關之後天運途，大都是以合參的觀點而立論之。如《麻衣神相》、《柳莊相法》是做為財帛論斷，而《神相水鏡集》除了上述外，更兼作身宮（後天運勢發展的宮位）論之；另《相理衡真》更是增加了性情的看法觀點理論。

其實只要是牽扯到論及與財有關的理論條則，大都所會推敲與推及的立論範圍甚為廣泛，如財源如何來？（這與運途好壞有關聯）如何來求財與取財之道？（與性情表徵有關係）等等。所以若是僅單就財帛而立論，未免也顯得太狹義了些。畢竟，錢財不但是人人都愛，且都希望能廣進順遂，不是嗎？

（六）離宮

其位居於中指部之豐隆部位。（相當於西洋手相法之「土星丘」的部位。）

古相書上均作官祿宮論斷。但筆者私自臆忖應該也可以做為論斷一個人的人生觀，以及個人對待人生的理念與目標理想的態度。

（七）坤宮

其位居於無名指、小指指根下之豐隆部位，且與兌宮上之離宮是屬相鄰宮位。（相當於西洋手相法之「太陽丘」與「水星丘」兩個部位。）

《神相水鏡集》是專為子息如何而論述。另外，《麻衣神相》、《柳莊相法》與《相理衡真》等書，則除了看子息如何外，還更兼具看母位，以及觀福德之好壞來綜合論述演繹。

（八）兌宮

其位居於小指指根下且屬於坤宮之下、乾宮之上的部位，其位又與震宮是為相對的宮位。（相當於西洋手相法之「第二火星丘」的部位。）

《相理衡真》是專作奴僕論斷，而《柳莊相法》又多了子息的論法，另《神相水鏡集》更是兼具了夫妻間相互對待關係的立論。所以在面對著實務論斷時，千萬不要僅就單一角度論述，否則保證鐵板踢不完哦！

（九）明堂

其位居於掌上八宮環繞之中心地帶。（相當於西洋手相法之「火星野」的部位。）

對於「明堂」一位之論斷法則記載，古相書中卻少有提及，因此在相關實務資料的收集與案例上，就顯得有點無奈、缺失與遺憾。但依據筆者多年來的教學與論斷經驗，「明堂」一位實具有在觀察應證一個人的個性、行為，以及其一生運途順遂，或是成敗與否的重要關鍵部位。《相理衡真》卷八．〈掌心性論〉云：「夫，察人之心性，觀紋見掌，知掌地則知心地。掌平心亦平，掌直心亦直；紋正心亦正，紋橫心亦橫；紋淺機亦淺，紋深機亦深；紋多心緒多，紋少機關少；紋小見小，紋大見大；紋生斷續，易成易敗。」

〈相關論斷訣參考〉

∆乾卦是為八卦之首，為天、為父、為夫、為子，故豐隆潤實者，主父發達、長子有成就；若低陷或紋沖又雜亂者，則會有刑剋父母，尤其是父，或年少有離鄉背井出外之徵驗。

∆乾位主人之希望、理想和地位權望。若對身體器官而言，則有肺部、腸與風痰、頭風等疾病。是故，最好是隆起豐滿且無紋沖，如此主父發、越長壽、祖業可守、子息多且長子有成就；反之，若為低陷又紋沖破者，則主刑父、剋子、子孫稀少又不孝、祖業難守且做事虎頭蛇尾、艱辛勞碌、早年即有離鄉外出之徵驗。

∆坎位是為掌首，主人之根基、祖業與福蔭，故豐隆者，主其聰慧、貌好、根基、祖業有庇蔭且子孫榮昌；若是低陷者，主其人一生勞碌艱辛、祖業難守、身體健康欠佳、處事行為朝三暮四、畏首畏尾、毫無擔當之象；另外，亦要防有水厄之災。

∆艮位主司掌兄弟間親情的相互對待關係，亦可看出一個人孝、友、仁、義的性情表現。是故，此位豐隆者，主其人溫厚仁慈、兄友弟恭、子息旺盛且身體健康少疾病；若是低陷筋浮者，主少、中年運途不順遂，子息稀少且行為處事不具熱誠、虎頭蛇尾，身體狀況亦呈現病疾體弱之象。

Δ艮位亦可看出閣下所使用的交通工具是否安全無虞。

Δ震宮主司掌命宮與性生活，故此位豐隆潤實者，主其人精明幹練、處事行為積極進取，亦可得賢美的內助；中年以後的運途順遂。若為女性，有奪夫權之象，但工作能力強，自我意識高昂，是屬於女強人、男人婆之典型代表。如若震宮低陷且肉削者，主其人一生運途乖蹇困頓，夫妻間的感情不睦且有身體帶疾之現象。

Δ巽宮亦有「運星貴宮」之稱譽，主掌一個人的財富與權勢。故此位豐隆色潤者，主其人心思敏捷聰穎，且做事進取也富責任心、運途順遂、財運佳；若為低陷又紋亂沖者，則主破財且運勢不佳，一生命運乖舛且勞碌奔波；此宮亦可看出其人之志向與野心之傾向。

Δ離宮亦有「官星貴宮」之稱譽，主掌一個人的功名事業之成就，以及中年以後運勢順遂與否。是故，最宜豐隆厚實，則有事業順利發達、名利雙收之證驗；反之，若為低陷肉削瘦者，就算富貴亦不長久，終其一生勞碌艱辛、事業難成。

Δ離宮亦可看出一個人對人生的理念，以及思想、信仰之如何。

Δ坤宮亦有「福星貴宮」之稱譽，主掌一個人的思想意識、學術才華，以及言行舉止之表現；又有為地、為母、為子女之徵義，故此宮豐隆色潤者，主其人個性開朗、子息旺盛且優秀，而且婚姻美滿幸福、運途亦顯順遂之象；反之，若是低陷紋亂沖者，主其人無法得到父母、長上之照顧，或有妻晚子遲、早年戀母、長子有厄之現象。另外，坤宮亦可看出其人對情慾所表現之徵象。

Δ兌宮豐隆者，主其人待人處事得宜、人緣佳或可得賢內助之財助，偏財運亦佳；反之，若是低陷瘦脊者，主其人人際關係惡劣、不得人助、性急又缺乏耐心，且夫妻亦有刑剋的現象。

Δ明堂亦有「天一貴宮」之稱譽，若此部位平深且成窩狀，或有直紋者，均可謂吉；反之，若是低陷紋亂沖者，主其人精神狀態委靡、情緒不穩定。

Δ明堂位有如風水學中之「穴」位，不但可以判斷出一個人目前的吉凶禍福，亦可影響其人一生的榮枯與得失。因此，此位生得好壞，對吾人一生實在有著重大且深遠的影響。

五、掌之氣色論

掌相法之論斷，除了前面所敘述與介紹的之外，本部分是針對「氣色」一項來做闡述解析。當然其他還有關於掌紋，以及流年限運之法則論述，這些還煩請各位讀友耐心地容筆者依次逐項地介紹，如此方能收連續且一氣呵成的效果。

古相書云：「看掌之法先看氣色。」《柳莊相法》云：「骨骼定一世之榮枯，氣色定行年之休咎。」《相理衡真》卷六之〈氣論〉云：「其氣亦有二焉；有內氣、有外氣。內氣者，渾行一身，又為神之母、色之父，周流於五臟六腑、百骸毛髮之間，七情出而發於皮膚之內，始則為氣、定則為色。……外氣者，聲也。」又云：「充乎皮內者，謂之氣；現於皮上者，謂之色，皆發於五臟也。」

另外，中醫學亦有依五行、五色之徵象，而論斷身體器官之健康與否。在相學中也有相同的理論，如青色屬於「肝－木」，紅紫赤色屬於「心－火」，白色屬於「肺－金」，黑色屬於「腎－水」與黃色屬於「脾－土」等。如此再配合時令綜合判斷，以得地於宮位者，是為吉色；反之，則為凶色。如圖表所示：

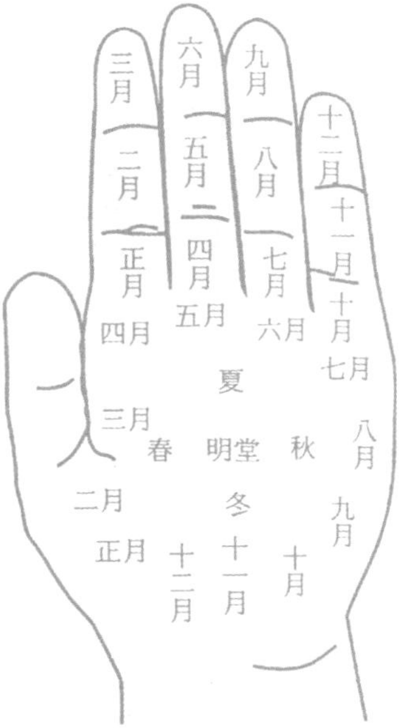

掌色	發源部位	得時	五行	徵象與特性
青色	肝	春	木	主驚悸、憂慮、疲勞、發怒、辛苦等。
赤色	心	夏	火	主進財、情欲、事業有成、喜慶事等。
黃色	脾	四季	土	主喜事、歡愉、升遷、進財、榮調。
白色	肺	秋	金	主破損耗敗、刑剋、死亡、孝服等。
黑色	腎	冬	水	主破損耗敗、災厄、疾病、刑剋死亡。

凡觀掌上氣色是以掌心為主，因為掌氣色之初起，是先聚於掌心，次發於鼻準，再次發於印堂，然後再發散於身體之各部位。因此，若要觀一個人當時之休咎如何，只需視其掌色所顯

現之徵兆，即可瞭然其所傳遞的訊息了。（掌心即「明堂」。）

〈掌氣色論斷訣參考〉

△掌色呈青暗且混濁者，主有破敗消耗或病疾之徵象。

△掌色紅潤清晰者，主財官雙美、名利雙收；但若摻雜紅片塊狀者，反主有口舌是非，或官司、牢獄之災。

△掌色明亮且呈黃色潤澤者，主有進財之象；但若黃且暗淡者，則主凶。

△掌色呈枯白色者，主其人運途乖逆、事事不如意。

△掌色呈黑暗且混濁者，主其人必有重病或大災難之徵兆。

△掌心、掌背雖呈明潤色澤，但手指卻呈顯黑暗混濁色者，主其人有喪親之虞。

△掌色呈枯乾無色者，主其人定有破財、耗損之徵驗。

△掌色呈散光之現象者，主有破財或孝服之徵象。

△掌色清晰紅潤，且天、地、人三才紋亦呈明朗紅潤色澤者，主大吉大利。

△掌色呈現枯黃色澤者，主自己或是家人有重病之徵兆。

第三節　西洋掌相法理論

西洋手相學源自於占星術，因此掌之相法亦不出其理論範圍。

再者，由於中西方對於研習學術的態度不同；中國人一向喜歡以「家傳秘笈」而挾密自珍，不願公開透露示人，以致於散佚或失傳了很多寶貴的經驗與資料；但西方人的研習態度就完全不同了，他們除了將研習的心得與經驗做詳細且有系統地闡述與記載外，更有公開所得，供大眾一起研究的胸襟。因此，筆者每每思及這種自古沿襲不健康的心態，總是僅能抱著可惜且遺憾的心情。所以，筆者對於每一本的著作均抱持著知無不言、言無不實的態度，以及坦蕩蕩地心胸，將所得公開示人，當然，其中或有偏差、錯誤之處，亦盼望各位先進同儕們不吝指教為是。

以下即將有關西洋掌相法之理論介紹並闡述如後。

一、掌上丘阜圖

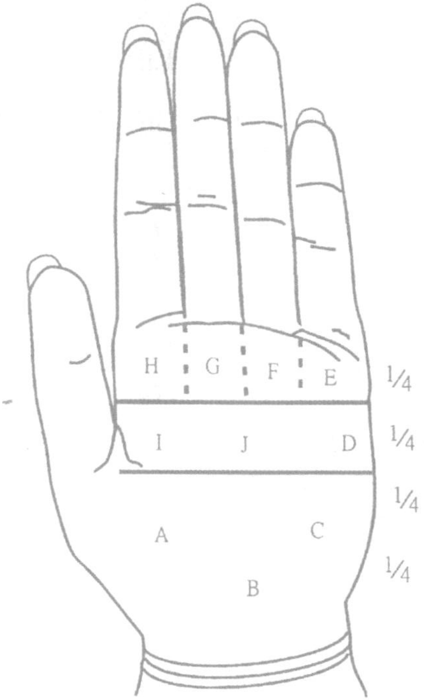

A：金星丘
B：三角底
C：太陰丘
D：第二火星丘
E：水星丘
F：太陽丘
G：土星丘
H：木星丘
I：第一火星丘
J：火星野

二、掌上各丘阜之意象與徵義

西洋掌相法是將「掌」分為若干個丘阜區域，然後再視其丘阜之形象—豐隆低陷，而予以闡釋與解析。茲將其個別之徵象與意義列述如次。

A、金星丘

(1)位置：位於大拇指的根部。相當我國掌相法之震宮部位。

(2)表徵意象：主掌身體狀況之好壞，以及情緒慾望之展現。

△此丘面積佔手掌四分之一的適中程度者，主其人身體健康、有自信心、待人誠懇，具有美好且開朗的人生觀。

△此丘豐隆面積超過手掌四分之一強者，主其人體力、精力與慾望均有過於旺盛之象，因此若沒有正確的管道可以宣洩時，易有流於好動、偏激、輕浮，甚至有沈迷於聲色犬馬之傾向。

△此丘徵象若呈平軟、低陷或黑濁者，主其人身體健康狀況不佳，為人刻薄現實，尤其是性慾、生殖系統方面之障礙疾病，男女命同論。

B、三角底

(1)位置：其位置大致上是以手掌底部邊緣與手腕之交接處為主，相當於我國掌相法之坎宮部位。

(2)表徵意象：主掌福德庇蔭、遺傳因子，以及身體狀況與氣魄之展現。亦稱「海皇丘」。

C、太陰丘

(1)位置：其位居於小指下外掌緣之底部。相當於我國掌相法之乾宮部位。

(2)表徵意象：主掌一個人氣質才能的展現、創作與審識力的有無。

△此丘豐隆且發達者，主其人氣質涵養好、適應環境力強、行事謹慎細心，亦具藝術、學術之天分。

△此丘太過豐隆發達者，主其人易流於怪力亂神的精神意識、好逸惡勞、缺乏自信心與毅

力。

△此丘呈低陷平滑者，主其人理智與情緒均呈不穩定的現象。

D、第二火星丘

(1)位置：其位居於小指根部水星丘之下，太陰丘之上。相當於我國掌相法之兌宮部位。

(2)表徵意象：主掌一個人的公德心、自制力與耐性、毅力。亦有「叛逆丘」之稱。

△此丘發達豐隆者，主其人做事循規蹈矩、有主見、有計畫，且具有堅毅不撓之耐力，以及環境的適應力。

△此丘太過於發達豐隆者，主其人外表謙遜、守法，但內心卻是過於頑固自視、不聽人勸。

△此丘低陷平滑者，主其人遇事推諉塞責，沒有擔當氣魄、缺乏自信心，且對環境變遷的適應力差。

E、水星丘

(1)位置：其位居於小指根部之豐隆部位。相當於我國掌相法之坤宮部位。

(2)表徵意象：主掌一個人才能與行為的展現、情緒與婚姻的好壞，另外，也可知其人之財運與生殖器官之狀況。亦有「經濟丘」、「智慧丘」之稱。

△此丘適度發達者，主其人才能、知識受人賞識，交際人緣好、財運順遂，且性能力亦有高人一等之象。

△此丘太過於發達豐隆者，主其人易沈溺物質慾望的享受，也有賭博、投機的現象，且行為處事較輕浮、隨便，喜歡投機取巧，貪小便宜。

△此丘低陷平滑者，主其人缺乏自信心、自卑感重、喜歡發牢騷、對人猜疑尖酸，且有精神恍惚衰弱之徵象。

F、太陽丘

(1)位置：其位居於無名指指根部之豐隆部位。相當於我國掌相法之坤宮部位。

(2)表徵意象：主掌一個人意識、情緒與藝術才華的表徵，以及對事物的價值認定。亦有「智能丘」之稱。

△此丘適度發達者，主其人個性開朗樂觀、處事積極得體，且對於藝術與學術具有相當的天分，亦會獲得成就。

△此丘太過於發達豐隆者，主其人才華太過橫溢，易遭人嫉妒，且性情趨於虛榮與浮華，自我意識高昂，不聽人勸，有偏執、勢利之傾向。

△此丘低陷平滑者，主其人一生運途乖逆，親緣淡薄，個性喜怒無常，行事消極、沒耐心，沒有前途。

G、土星丘

(1)位置：其位居於中指指根部之豐隆部位。相當於我國掌相法之離宮部位。

(2)表徵意象：主掌一個人的思想與信仰、思考與人生觀之展現，更是一個人自尊心與權威的表現徵象。亦有「省悔丘」之稱。

△此丘適度發達者，主其人思想信仰開朗且健康，行事謹慎細心有擔當，亦喜歡探討神秘玄學之領域。

△此丘太過發達豐隆者，主其人太過高傲，具有強烈的自尊與自視意識。因此亦經常導致

目中無人，疑心猜忌，有被人孤立，排斥之現象。

△此丘不發達者，主其人個性懶散，沒主見，行為處事草率，不負責任，永遠是隨波逐流的受人擺佈者。

H、木星丘

(1)位置：其位居於食指指根部之豐隆部位。相當於我國掌相法之巽宮部位。

(2)表徵意象：主掌一個人權力與慾望的展現，亦是理想抱負追求的態度。亦有「役使丘」之稱。

△此丘適度發達者，主其人個性穩重實在、勤奮進取，有志氣、理想抱負，且與人和睦相處。

△此丘太過於發達豐隆者，主其人性情暴躁急進，行事霸道，往往只為目的不擇手段。

△此丘低陷且發育不良者，主其人缺乏自信心、耐心與進取心，且易流於投機取巧、好惡逸勞之傾向。另外，品格與道德的水準均差。

I、第一火星丘

(1)位置：居木星丘之下，大約是在大拇指指根的第二指節紋上端的部位。相當於我國掌相法的巽宮部位。

(2)表徵意象：主掌一個人的膽識與勇氣。亦有「戰鬥丘」、「正火星丘」之稱。

△此丘適度發達者、主其人個性開朗樂觀，行為處事有膽識，且具奮鬥、負責之表現。

△此丘太過於發達豐隆者，主其人性情反覆無常、個性剛愎自用，且經常有惹是生非的現象發生。

△此丘低陷平滑者，主其人個性悲觀、消極，行事怯弱且逃避責任，經常是一個失敗者的典型代表。

J、火星野

(1)位置：位居各丘阜之包攏中心部位。相當於我國掌相法之明堂部位。

(2)表徵意象：主掌一個人之運勢，以及生命力、活動力之展現。

△此丘呈適度凹陷且寬闊者，主其人個性穩重正直，待人處事面面俱到，受人歡迎。

△此丘太過於凹陷者，主其人個性太過於保守，缺乏自信與積極態度，以致於沒有冒險開創的奮鬥精神。

△此丘呈現隆起者，主其人自我意識強烈，個性剛愎自用，不聽人勸，往往造成被眾人排斥、不受歡迎的現象。

〈附錄〉：《掌相秘笈》

(一)乾位：

豐滿無痣、無紋、無沖破，主父發達，財產可守。主父長壽、本身亦健康多智。長子得力，亦主富貴。如低陷、紋痣，或有紋沖破者，祖業難靠，刑剋父母，本身操心勞碌，離鄉奔走，長子沖剋不得力。

(二)坎位：

豐滿，祖業有靠，本身做事果斷而且聰明，一生主用人且有手段，子孫榮昌，結果良好。低陷無紋者，主祖業破敗，本身做事膽量小，多猶豫不決，身體亦欠健康，水厄必難倖免，多主一生奔波勞碌。

(三)艮位：

豐滿、無筋紋痣者，祖德好，兄弟多有力，初運通達，田宅且旺，子息早見，做人誠懇熱心、強壯少病、做事有決心、勤而博學。低陷有紋筋浮露者，兄弟弱小、少中年不利子息，本人做事虎頭蛇尾、毅力不夠、怕事、不愛動、不善交際、情薄多病。

(四)震位：

豐滿、聳而兼紅，田宅大旺，主得賢美之妻，百事通順，為人精鍊能幹，中年大發，女則必奪夫權且主大富。低陷者，縱使財豐，亦主妻不和順，甚至不安於室，或妻病而敗家產，雖有學問，亦難成大事，心緒過多，做事欠果決，紋多而亂者，必招性急之妻。

(五)巽位：

豐滿高聳，少年財大旺、發達早、聰穎過人，逢凶化吉；低陷者，少正財，少運不佳、不聚財、奔走異鄉。

(六)離位：

豐滿高隆，主中年大顯、財祿俱旺、宜早求功名、不宜經商、為一平民。南北方貴人力量最大；若低陷紋者，雖富貴不能持久，求謀多阻，小人太多，中年失職，勞碌奔波，兼營商業較佳。

(七)坤位：

豐滿高聳，主母為人有德、子貴媳賢，自己壽亦長，妻賢內助，晚運更好，異路功名必有，得貴人扶助，西南方貴人更多；若低陷者，不能見早子，或生敗子，妻宜硬配，晚景不佳，長子宜過房，女相同論。

(八)兌位：

豐滿厚實，主得妻財，妻妾均順從，平生多有偏財，此人膽大敢為；低陷紋沖者，此人先天不足、身體不好、性急無忍耐心，主奴僕不忠，不利西方，小人太多，妻不但不賢，反而刑剋，宜遠地婚姻、雙妻亦宜。

(九)明堂：

宜平而深，最忌青白點，主憂驚或破財；黃滯、黑暗，主災病、破財；喜潤澤光彩，主百事亨通、大運將臨、財源旺盛。

第五章　論掌中紋

談完了「掌」型所導致的吉凶禍福之後，接著再來介紹另外一個具有重大影響的重要關鍵因素—掌紋路。

基於掌紋路所造成的吉凶禍福徵驗，各家各派的觀點與理論也是繁雜瑣碎、莫衷一是，因此筆者特將其中較具徵驗性，或是較特殊的個案一併整理歸納，並且盡量地以圖例簡釋，希望有助於研習上之方便與查閱。

第一節　掌紋概述

一、主要掌紋路

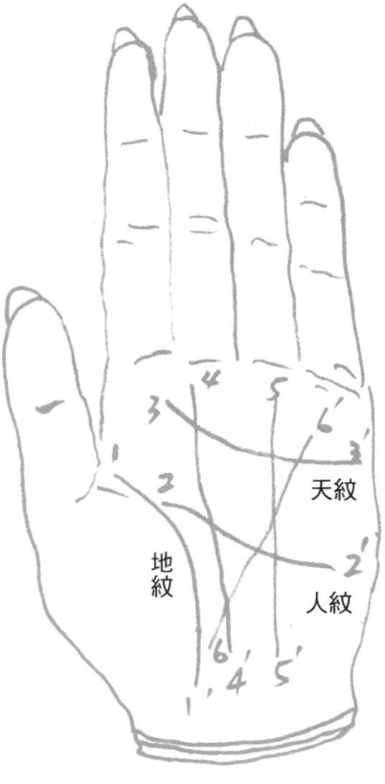

掌上主要紋路

(1)生命線：1～1'
(2)智慧線：2～2'
(3)感情線：3～3'
(4)命運線：4～4'
(5)太陽線：5～5'
(6)健康線：6～6'

簡述如下：

(1)三才紋：

△天紋：今稱「感情線」或「心線」。象君，定人之貴賤徵象。

△人紋：今稱「理智線」、「智慧線」或「腦線」。象賢、象愚，辨人之貧富徵象。

△ 地紋：今稱「生命線」。象臣、象母。主人之壽夭徵象。

(2) 命運線：

今稱「事業線」或「成功線」，即古籍中所謂之「沖天紋」、「玉柱紋」或「文筆紋」。

(3) 命運線：

今稱「成功輔助線」，即古籍中所謂之「功名線」或「異路功名線」。

(4) 健康線：

即古籍中所謂之「考證紋」。

二、次要掌紋路（西洋掌相法）

三、古籍理論彙整

摘錄自《麻衣神相法全書》卷三，〈論堂紋〉——

手中有紋者，亦象木之有理。木之紋美者，名為奇才，手之有美紋，乃貴質也，故手不可無紋。有紋者，上相，無紋者，下相；紋深而細者，吉，紋粗而淺者，賤。

掌上三紋者：

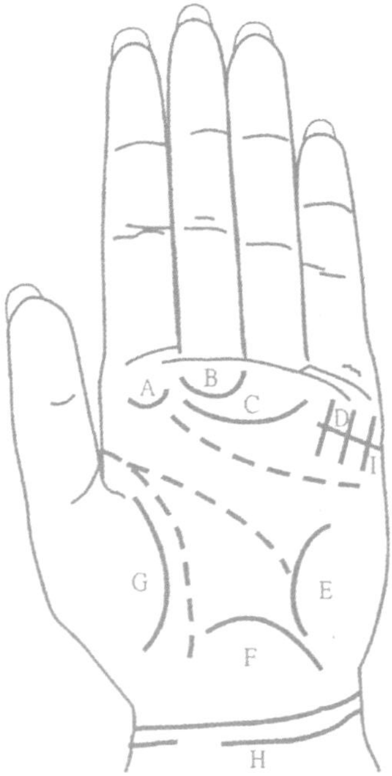

A：木星環
B：土星環
C：金星帶
D：婚姻線
E：水星線
F：縱欲線
G：火星線
H：手頸線
I：兒女線

上畫應天，象君、象父，定其貴賤也。

中畫應人，象賢、象愚，辨其貧富也。

下畫應地，象臣、象母，主有壽夭也。

三紋瑩淨、無紋破者，福祿之相也。

縱理多者，散亂而災；橫理多者，主百事破散。

紋絲如亂絲者，聰明美祿；紋粗而礫者，愚魯濁賤。

紋如亂挫者，一世有貧寒；紋如散糠者，一生快樂。

有穿錢紋者，主進資財；有端苭紋者，文官朝列。

十指上如旋螺者，榮貴；旁瀉如筐旁者，破財。

十指上橫紋三鈎者，使奴僕；十指上紋橫一鈎者，賤被驅使。

有龜紋者，將相；有魚紋者，星郎。

有偃月紋、車輪紋，貫、吉慶；有陰騭紋、延壽紋，福祿。

有印紋者，貴；有田紋者，富。

有井紋者，富；有十紋者，祿。

有玉策紋上貫指者，名光萬國；有按劍紋如權印者、領軍四海。

有紋關者，紋凶逆而奸富；有夜叉紋者，下賤而偷竊。

大凡紋雖好，而或沖破者，皆有缺陷，無成之相也。

摘錄自《相理衡真》卷八，〈八卦穿宮論〉—

乾宮紋上離宮，父主富貴。

乾宮紋上巽宮，父主破財。

乾宮紋上震宮，父遭雷擊。

乾宮紋上坤宮，妻子俱刑。

乾宮紋過艮宮，父遭水厄。

乾宮紋過坎宮，棄祖業而奔他鄉。

乾宮雜紋，難受祖業。

坎宮紋上離宮，不貴即富，名曰水火既濟，子孫富貴。

坎宮紋上巽宮，自主破敗。

坎宮紋上坤宮，妻子有刑及妻家敗，主三、四妻。

坎宮紋入兌宮，難為奴僕並長妻。

坎宮紋如絲，主現成根基。

坎宮有紋不斷直上，自手根而起，平地發福，白手興家。

艮宮紋上震宮，主承祖宗蔭。
艮宮紋上坤宮，主兄弟刑傷。

震宮紋上坤宮，主內助，家富貴。
震上紋多，招性急之妻，不然有疾病。
震宮黑者，被雷傷。

巽宮只宜豐厚，不宜紋破、治漏、缺陷。
巽宮有井紋或印紋，或三人紋，不出指者，主性慳吝、不住財。
巽宮出治者，不住財。

巽宮一峰最高大者，旺財、初年發達。
巽宮黑脈過乾宮者，主蛇傷。

離宮紋直下，入大指節，主淫父妾。
離宮高，主享高官重祿，中主顯達。
離宮黑脈過坎者，主見殺。

坤宮有紋過巽宮，主被竊母財。
坤宮有川字紋破者，嫌正妻而寵妾。
坤宮有十字紋者，平生得橫財、陰貴扶助。
坤宮一峰高，主有福德、終吉。

坤兌二宮有女字紋，得女人財。

掌中有女字端正，因女人成家；穿破，因女人破敗。

兌宮黑脈穿過艮宮，為棺材紋，謂之催屍殺，必死。

摘錄自《相理衡真》卷八，〈掌紋善惡論〉—

「×× ×××」、「××× ×××」，此紋朝三指上者，平生快樂風流。

「××」、「人人」，此紋在坎宮如柳絲者，積代簪纓富貴。

「× ××」此紋合，主聰明。

「巛」此名繩紋，在明堂者，主自縊。

「×」此名交紋，在兩指下、主兩處根基、假子興家、異姓同居。

「∧」此名兩條紋合，主聰明，有為華蓋星。

「㸚」此紋似魚，平生手足兄弟如美，似魚尾在大指，須富。

「井」此為金井紋。

「井井」雙井紋。

「」三井紋，掌中者，俱富貴。

坎宮井朝震宮井，主萬頃田。

「十」此為十字紋，手中大出天紋者，大發，平生有權。

「口」此為金印紋，在明堂方正明白者，少年登科。

「」此為玉階紋，在掌中，主有科第。

「」此為棋盤紋，在艮宮者，心本無事，愁緒萬端。

「⊙⊙⊙」此為穿錢紋，主富貴。

「口」印紋，不拘部位皆是印，足矣！

「囚」交紋印。

「⌓」象眼印。

「△」三角印。

「手」手字印。

「女」女字印。

凡手有印，為人有信。自小無非橫之災，一生不畏鬼神，近高有權柄。

「丨」此為沖天紋，在中者，為天柱，主壽；穿過離宮，直過指節，主富貴；坎宮，為天一貴人；離，為官星貴宮；坤，為祿星貴宮；五指俱穿，為五福俱備。過初中末限，有此紋不流者，至此線發福，隨掌高低斷之。一斷一續，一成一敗。

「」此為斷紋，在右手執刀紋，不利母；左手執刀紋，不利父。

「」此為文眼紋，在大指名為夫子眼紋，主聰明；在坤宮為佛眼，主孤剋；女掌內為道眼，主性靈。

「」此為金梭紋，主得陰人力。

「△」此為三角眼，在坎宮為鼠眼，主好偷盜。

「女」此為花柳眼，好淫治。在坤宮為流涕眼；在第二指為貴眼，近貴；在巽宮為貫索眼、主發橫財。

「」此為蓮花紋，在掌中為合掌蓮花、宜做僧道。

「□」此為棺材紋，逐年旋生。在艮宮或突起，生不全者無妨；生全者，不問前後，其年生，其年死。一片，淹滯災撓；兩片，孝服；三片，災事；四片，死在旦夕。如艮宮，掌中黑，死期近矣；古人云：「艮上不宜舖白板，當中會認宿烏鴉；坎宮黑者落水死，震宮黑者被雷傷。」兌宮黑脈過艮宮，主虎傷；巽宮黑脈過乾宮，主蛇傷；離宮黑脈過坎宮，主見殺。

「」，此為盤旋紋，主自縊亡。

兌宮棺材紋，又黑脈相沖，謂之「催屍殺」，必死。

若有黑紋自立身紋起，直穿二指上節，謂之「黑氣沖天」，性命難過關，雖無棺材亦凶。

「○○○」，三黑相連大好，而能成字：「王、雙、女、鼠、井、用、壬、手、可、頭、仕、武、友、虞」，凡手中成得一字者，終身受用不盡。

生在身命宮上，自身主貴；

生在父母宮上，主父母貴；

生在子息宮上，主子孫貴；

生在妻妾宮上，妻貴；

生在兄弟宮上，兄弟貴；

但要紋裡方正。

「丨丨攵」斷頭紋，

「彡」橫屍紋，

「力」力字紋，

「十」十字紋，

「幵」枷鎖紋，

「X」夜叉紋，

「主」士字紋，

「六」大字紋，

「仍」產屍紋，

「乃」乃字紋，

「血」垢妻紋，

以上，凡子宮犯一字者，大凶。

若是甲破而黃，手斜曲，股粗而毛旋逆，角紋橫，直指折曰：「廢疾。」主徒紋刺字軍役。內有紅潤色，及有陰德，華蓋紋，可減一半。

凡華蓋紋，主聰明。

看指紋大小、尖禿、濃淡、淺深、曲直、隱顯、浮沉、聚散、起伏：

太粗，為人性慢、做事不思前後；

好紋，得力；

惡紋，為災；

紋深入內，為機深思遠，做事不測；

曲紋猥伸，不忠、不直，做事一直難成；

聳直而長，不曲、性直而忠；

有急紋不能見，做事不顯、難成，一生勞碌；

散紋無定，一生懶散，做事無成。

摘錄自《玉掌仙傳》—

相掌之法，先看八卦，次察五行；指有長短，掌有厚薄；或看骨肉而分貴賤，或驗紋裡而定吉凶，其行不一，其斷無差。

「△」結角紋，

「◎」日羅紋，

「」雙魚紋，

「」玉階紋，

「井」金井紋，

「川」飛針紋，

「⋙」雁陣紋，

「」偃月紋，

「」雲環紋，

了然特出，堪羨奇紋。

「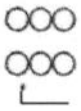」南星現於宮中，極品高官，

「」北斗列於正位，膺封上將，

「」九螺生於八卦，定為列土諸侯，

「口」一印出於三峰，終做分茅屏翰，

「」離宮五井，必為一品之尊，

「品」掌心三印，定主侯伯之位，

乾宮高聳，主長子之權豪，

坎卦充隆，受前人之庇蔭，

艮宮剋陷，損子女於初年，
震上高朝，豐田宅於一世，
巽宮散亂，多是遊蕩之徒，
離位受傷，定為役夫之輩，
坤方豐隆，子孫蕃衍之慶，
兌宮突起，奴僕環列之歡，
心虛者，其紋必顯；心昧者，其理不明。
甲如筒瓦，瀟灑心神，
甲似瓜皮，沉昏神氣，
甲薄者，命年短促；甲厚者，壽算延長。
甲尖者，小智；甲破者，無成。

甲滋潤，則財穀豐盈。
指尖長，則文學貴顯。
高張華蓋，平生智出於眾人。
尖起三峰，限數福生於晚景。
節似雞卵，一生多得橫財。
掌似燕窠，萬頃富饒田產。
兩掌薄而指尖，清貧不貴。
十指短而掌厚，濁富欺心。
合而詳參，理無差忒。

摘錄自《相理衡真》卷八〈掌紋論〉—

手之有紋，亦象木之有理。木之理紋者，多為奇材；手之美紋者，乃貴質也。故，人手之有紋者，上相；無紋者，下相。紋深而細者，吉；紋淺而粗者，賤。

掌上三紋者，上界應天，象君、象父，定其貴賤也；中界應人，象賢、象愚，辨其貧富也；下界應地，象臣、象母，主其壽夭也。三紋瑩淨無紋破者，福祿之相也。縱理多者，性亂而災；橫理多者，性愚而賤。豎理直貫上指者，百謀皆遂；亂理散出縫指者，百事破敗。紋細如亂絲者，聰明有祿；紋粗似礫木，愚魯濁賤。紋如亂挫者，一世貧苦；紋如撒糠者，一生快樂。有穿錢紋、串錢紋者，主進資財；有端笏紋、插笏紋者，主大官朝列。十指上有旋螺者，榮貴；旁瀉如筐篣者，破敗。十指上横三鈎者，貴使奴婢；十指上横一劍，賤被驅使。有龜紋者，將相；有魚紋者，朝郎。有偃月紋、車輪紋者，吉慶；有陰騭紋者，延壽福祿；有印紋者，貴；有田紋者，富，有井紋者，福；有十字紋者，祿；五策紋上貫指者，名光萬國；有按劍紋如權印者，領兵四海；有結關者，凶逆而妒害；有變叉紋者，下賤而竊盜。

四、掌紋氣色概論

掌紋亦如指甲一般，是為顯示吾人體內氣血循環的現象，因此，它所呈現出的色澤變化徵兆，也蘊含著吾人個性、情緒與健康狀況之訊息。是故，我們可經由掌紋之色澤，解讀出一些預兆，供做趨吉避凶之參考。

(1) 掌紋呈現出白色或灰色

掌紋呈現白色或灰色者，代表其人的健康狀況出了問題，且個性懦弱，毫無生氣，性情尖酸刻薄，很現實。

(2) 掌紋呈現紅色或粉紅色

掌紋呈現紅色或粉紅色者，主其人身體健康，個性開朗樂觀，待人和氣，對人生充滿憧憬與希望。但若呈現出深紅色或赤色時，主其人內臟器官一定有發炎或疾病的不良徵象，且其人性情暴躁急性，喜怒無常，慾望沒有節制。

(3) 掌色呈黃色

掌紋呈黃色者，主其人有肝膽方面的疾病，且其人個性內向保守，不喜與人交談，很孤僻自負。

(4) 掌色呈天空色

掌紋呈蔚藍色的天空色者，主其人心臟、血液循環系統不健康，或有高血壓、中風、腦溢血之疾病。個性方面多呈現鬱鬱寡歡、憂慮、自尋煩惱之徵象，因此，經常出現如自閉、自殺的傾向。

(5) 掌紋呈黑暗色

掌紋呈黑暗色者，主其人之個性與身體健康狀況，大致如(4)所述，甚至有過之而無不及。

第二節　主要掌紋圖例與闡述

本節的內容是將掌中主要之掌紋線如生命線、智慧線、感情線、命運線、成功輔助線與健康線等之理論，以及有關之徵驗資料，以最簡明且清晰的圖例示範，併做整理歸納闡述說明，希望能提供各位一條輕鬆且簡捷的研習途徑。然而，由於掌紋線的徵驗繁多且駁雜。因此，筆者僅就其中較具代表性，或較具徵驗程度者，方才予以介紹敘述，至於其他或僅為個別案例，或道聽塗說、人云亦云且未經證實者，一概不列入篇幅。

以下茲將相關的資料圖示列述：

一、生命線

生命線於古相學中稱為地紋，主其人之根基、心性與壽夭徵象，故亦有「壽夭紋」之稱。

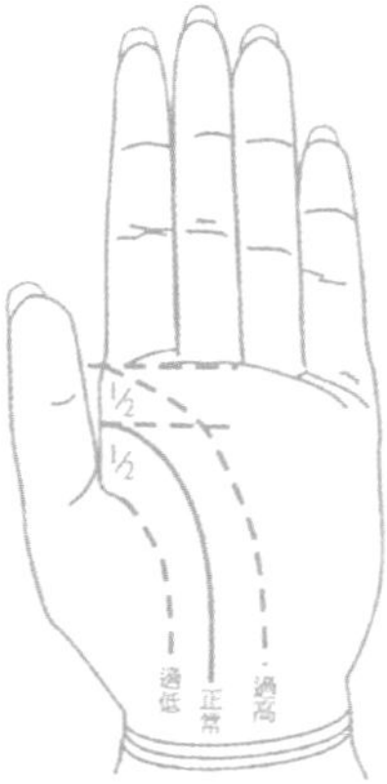

(1)**正常：**身體健康、有理想抱負。

(2)**過高：**其人自負高傲、太重實際。

(3)**過低：**缺乏自信進取心、個性偏執任性。

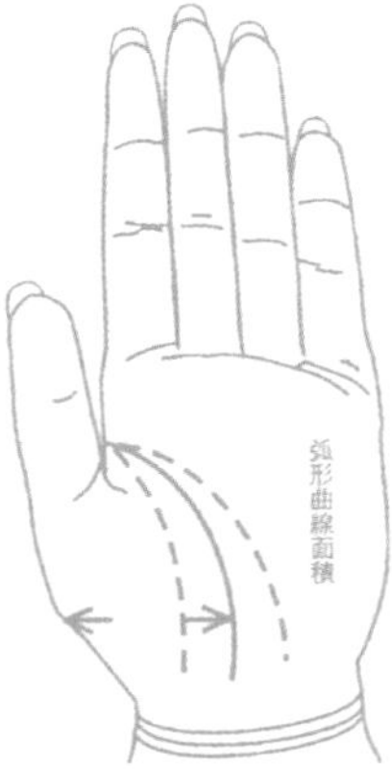

(1)**正常：**身體健康、個性中庸適宜。

(2)**愈大：**身強體健、有氣魄、有幹勁、氣度揮宏，領袖人才。

(3)**愈小：**生性偏執內向、得失心重。

△發源處呈現分叉狀者，主幼年時期家境發生變遷，或有與父母分開居住之徵象。

△發源處呈毛刷狀者，主幼年時期身體健康狀況欠佳。

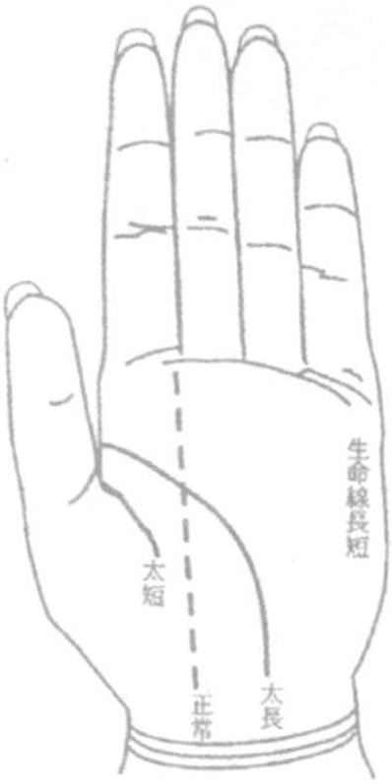

△很長：精力充沛，冒險且積極。

△正常：身體健康，長壽且性情適中。

△太短：生命跡象弱，身體差。

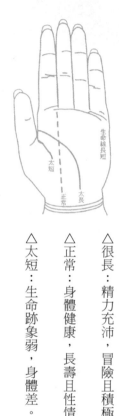

△發源處出現鎖鍊狀者，主其人幼年身體健康不佳、腦力發育不良、學業亦多不順遂。

△若出現間斷的現象者，得視其間斷處而論述其發生之運限。然其人大都有父母離異，或庶母所生的現象。

△若出現荊棘、刺蝟狀者，主其人身體狀況有每況愈下之情形，尤其是中年以後特別明顯。

△若呈現有如鐵路軌道者，主其人身心、精神狀況均甚為不佳，甚至有精神分裂的現象。

△若出現島紋狀者，主其人身體健康出現了病症，要小心注意了。另又可依其島狀處之年限，其年必有不可告人之事。

△若出現多數斷裂之細紋者，主其人健康狀況不良，或常常宿疾纏身，或有精神衰弱、分裂的現象。

△若間斷口甚大，且尾稍又彎曲向金星丘者，則視其彎曲之年限，主其人有重病，或其年有意外災害，或有死亡之虞。

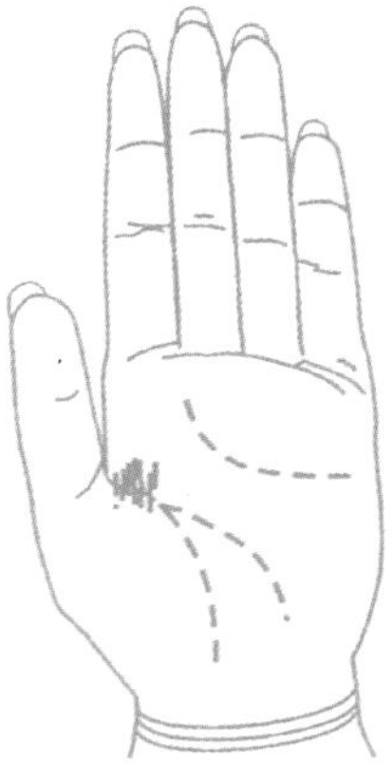

△若發端處出現淺細小紋者，是為「夢遊紋」。主其人多愁善感，多思慮操煩，以致難以入眠，精神狀況差，或有目前境遇運途蹇塞。

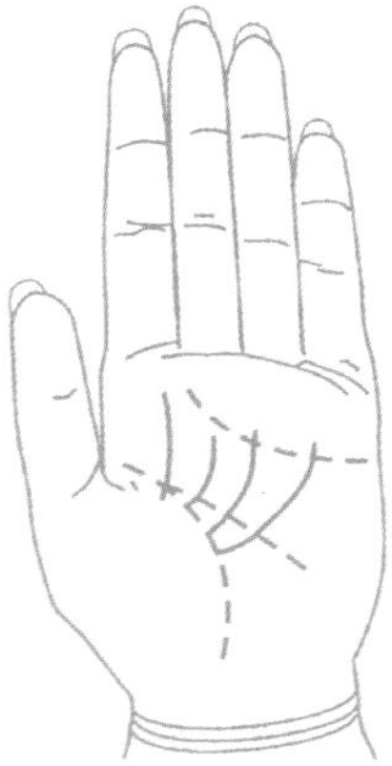

△若出現上升之紋路者，是為「幸運紋」。向食指主追求權柄、金錢、地位；向中指主追求事業、功名；向無名指主追求藝術與學術；向小指主考試、功名。

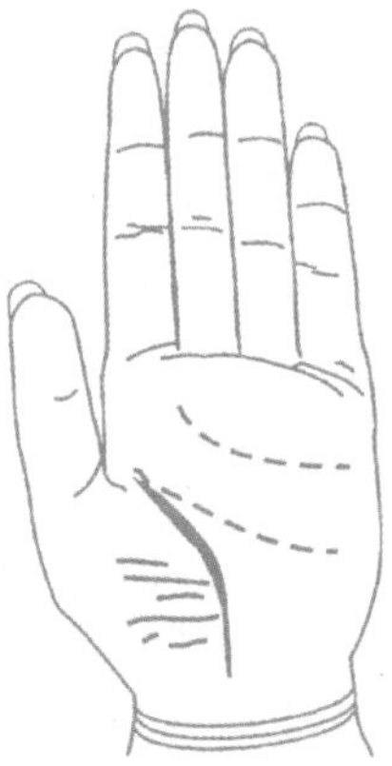

△震卦紋，古相書云：

「震豐色潤有男兒，
紋細誰知子息稀；
或遇其中還帶殺，
只宜招取別男宜。」

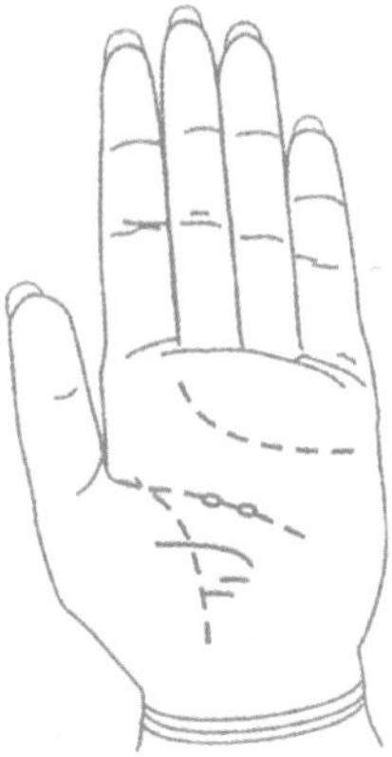

△亂花紋，古相書云：

「身畔朝生是亂花，
平生天性好奢華；
閒花野柳時攀折，
只戀嬌娥不戀家。」

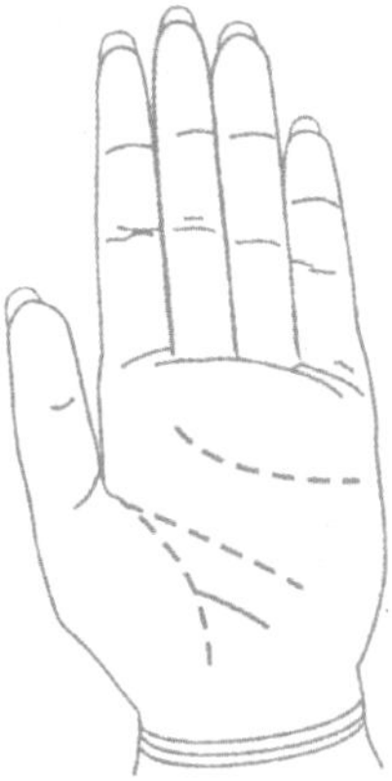

△若出現有遊歷紋，主其人適宜外出，且很能適應各種的環境，不宜有雜紋破壞，如十字紋、叉字紋或三角形紋，否則外出會有意外災厄、病疾。

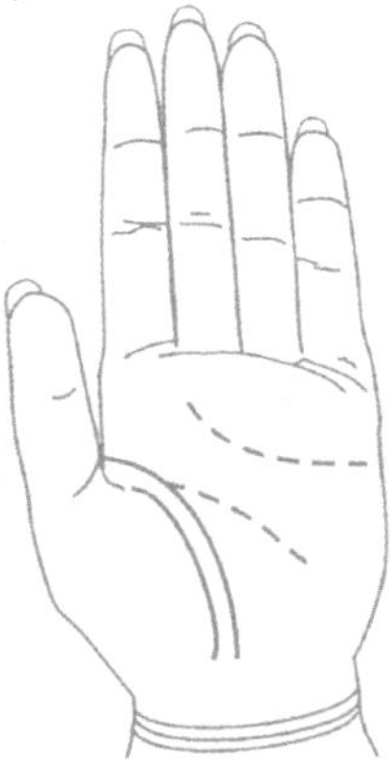

△福厚紋，古相書云：

「福厚紋生向堂階，
平生無禍亦無災；
憐貧分施多陰德，
必主年高又主財。」

亦稱「貴人紋」、「陰騭紋」。

△若於生命線內金星丘部位佈滿棋盤狀紋者，主其人聰慧、博愛，追求藝術、學術之境界，大都於中晚年會有所成就。

二、智慧線

智慧線在我國相學中是屬人紋，今亦稱「理智線」，主人對外來事物判斷與反應的能力，古法主象賢愚辨富貴之徵象。

由於人紋介於天紋、地紋之間，亦有一種後天氣數變化的意象，代表著人於天地間生存，必須具備充實的智慧與靈活的應變力，方可有其立足的空間，因此，智慧線的優良與否，對吾人後天運程的影響，實具有重大之靈動意義。

另外，一般俗謂「斷掌」的現象，即是指人紋橫斷整個掌面而言，對男命而言，主重事業且有大男人主義的傾向；對女命而言，有男人志向，豪爽獨立，喜歡干涉丈夫的外在事業與行為，亦有產厄血難，以及六親緣薄之象。

然而，依古相學之論，所謂「斷掌」者，是指三才紋合一或不見天紋、地紋而言，這與一般世俗的論法雖然有些差異，但實質上不過是在於觀點不同而已，因此不妨相互參考應用。

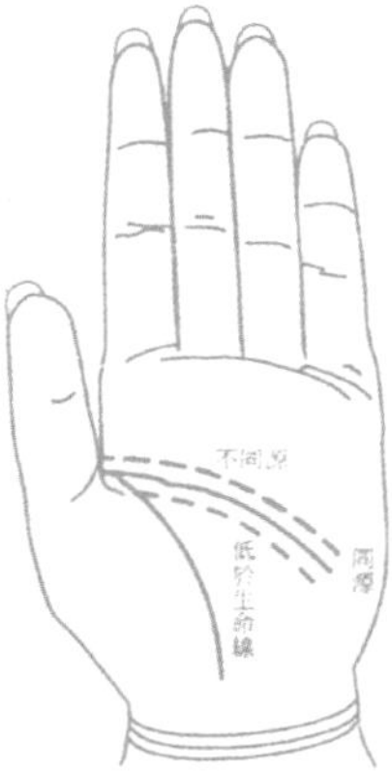

△若與生命線同源者，主其人聰慧、精明、穩重；若與生命線不同源者，主其人個性自信獨立、負責有擔當，但亦不宜間距過大。若是低於生命線者，主其人雖具有聰明智慧，但卻缺乏處理判斷事物的果斷力，以及自信心。

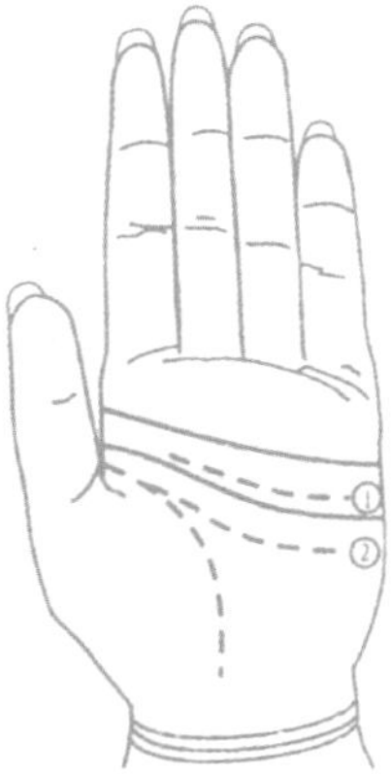

△「斷掌」者，主其人個性剛愎強烈、敢愛敢恨，故易流於感情用事的弊端。

△發源處有摻雜的細紋者，主其人幼年家境有發生很大的變遷異動，個性早熟且獨立，但欠缺毅力與耐心，往往會有博學難精之徵象。

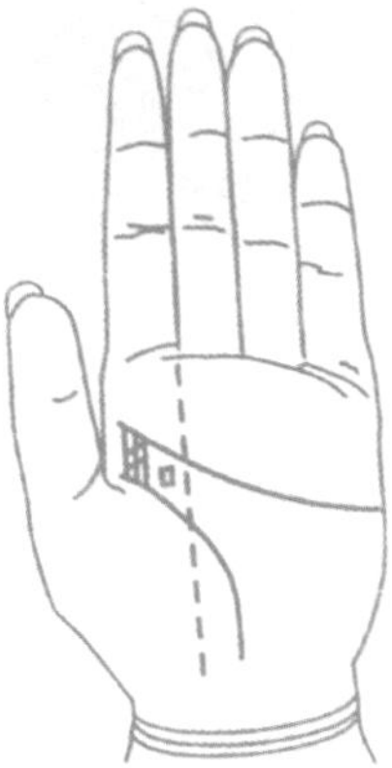

△智慧線與生命線之間出現有「井」字、「口」印紋者，主其愛現、很矯情做作，善於掩飾缺點與過失。十足的現實勢力主義者。

△發源處若出現有如毛刷形狀者，主其人個性行為異常，精神有分裂的現象。謹防有想不開自尋短路的徵象。

△理智線太短者，主其人頭腦結構組織有發育不良，或曾經受損之徵驗，而且個性偏激怪異，甚至有夭折、死亡之虞。

△理智線間間斷斷者，主其人缺乏自信心與果斷力，記憶力不好與精神不集中，甚至有癡呆、智障之不幸徵驗。

△理智線與感情線相連且呈鎖鍊狀者，主其人性情沮喪、沒信心、消極且缺乏戰鬥心，亦經常發生想不開尋死之徵驗。

△理智線呈現鎖鍊狀者，主其人缺乏自我，沒有中心思想，智能呈現低能或發育不良現象，且易有頭痛或慢性病之徵驗。

△理智線若出現有島紋狀者，可就其出現的部位而加以判斷。如出現於中指，則主其人思想黯淡悲觀，缺乏積極性，且有勞碌奔波、積勞成疾之象。

△若是理智線與感情線相互連接者，主其人的思想理念異於常人，經常會有突發其想的徵象，具野心，且有追求權術之象。

△理智線由生命線的內端叉出者，主人云亦云，沒有主見，沒有自我的中心理念，心靈空虛無靠，俗云「行屍走肉」的典型。

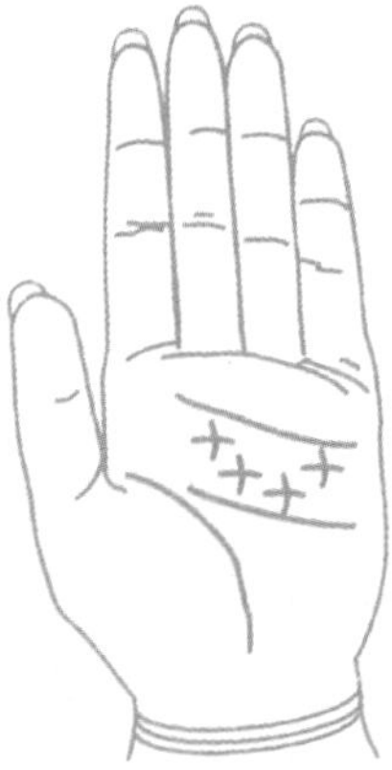

△理智線與感情線間出現有「十」字紋者，主其人有天賦的第六感與靈通力，且易傾向宗教與五術、玄學之探求，故亦有「神秘十字紋」之稱。

△理智線若出現向上延展之線條者，一般可視其向何處延展而判斷，但大都有追求事業、名利的野心與慾望。

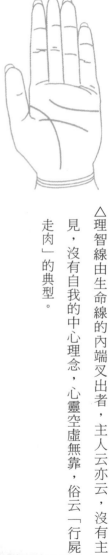

△若呈現雙重的理智線者，主其人具有發達的腦力，智慧與才幹均有高人一等之徵象。但往往亦易流於傲慢與偏執之傾向。

△若理智線尾端呈現勾彎之形狀者，主其人的性情寡廉鮮恥、陰險狡詐，只求目的不擇手段。更甚者，有精神衰弱、分裂的傾向。

△若理智線與感情線適形或長方之形狀者，主其人個性穩重踏實、自信果斷且積極。若有凹凸者，其徵驗程度減低或消失。

△若理智線有被多數細紋直切者，主其人多煩惱、多憂鬱，輕者精神體力疲憊困頓，重者有中風而導致半身不遂之徵驗。

△若理智線尾端出現雜紋者，主其人心思求新求變。向上者，主追求事業與名利；平者，主藝術與人際關係的追求；向下者，易流於空想不實際的傾向。

△若理智線至中指、無名指處突然呈現大弧度之彎斜下垂象，主其人具有潛在性未發揮的藝術才華，俟機緣而一展潛能。

△若理智線自中指下發端者，主其人個性極端地自我與封閉，寬己護短而苛責於人，性情暴躁兇殘，甚至有謀殺犯罪的傾向。

△若理智線呈現波浪之彎曲形者，主其人心思不定、喜怒無常、愛鑽牛角尖、行事不按牌理出牌，也會有神經錯亂之傾向。

△若理智線呈現尾端分叉相等且下垂之象，是為「副理智線」，主其人做事、猶豫不決，往往會有坐失大好良機而悔恨不已之徵驗。

三、感情線

古相學理論中感情線是居於三才紋之最上方，為天紋，象君、象父，定人之貴賤。由於其具有「天」、「乾」之意象，故也可演繹為其人的遺傳、品德氣質等之徵兆，另亦暗示了父親之個性、品德與健康的訊號。因此，對於有關感情線所呈現之深淺粗細現象，實亦具有基本的意義與徵驗。當然，環境是隨時隨地在變化著，而掌紋紋路也正好適時地提供吾人因應之訊息，這一點不也是時下眾人為何對於手相如此津津樂道，且熱中於探討與研究的原因嗎？

一般我們在觀察感情線的時候，會特別的用心與多問，甚至還會與婚姻的如何牽扯與探討，其實感情線主要是在判斷一個人對於「情」字的感受與對待的態度，如紋路深者，表示其人較易有感情用事的現象；紋路淺者，主其人寡情薄義，或是不善於表達自己內心的情感。紋路寬潤粗糙者，主其人濫用感情；紋路細膩精緻者，主其人用情專一或細膩之表徵。因此，如據此而推斷婚姻狀況，僅能說是有著某種層次的相互影響，但卻無法全盤且細膩地解讀出婚姻狀況。是故，筆者仍將婚姻線與感情線分別予以闡述，希望各位能清晰地體會與領悟。以下茲將與感情線有關之印證和徵象圖示如下：

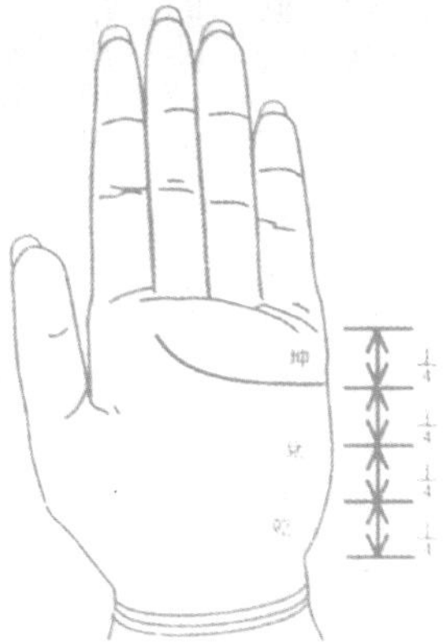

△感情線的正常發源點是位於坤、兌宮間的部位。

(1)偏於坤宮呈較高現象者，主其人較為依賴、受呵護，也很有家庭觀念，對配偶體貼、關懷。

(2)偏於兌宮呈稍低現象者，主其人重情義，人緣好且慷慨豪爽；如近於乾宮過低者，主其人缺乏親情照顧，早熟且獨立，但心靈空虛無依。

△感情線發源點呈現細紋分叉象者，主其人頭腦清晰且反應機靈，而且幼時亦受到父母、長上或親友們的呵護與照顧。

△感情線終端若止於食指與中指縫下端之適宜範圍，主其人感情適度發展，待人處事用情純真穩重；愈接近食、中指縫下，甚至有相連現象者，主其人對感情的感受激烈震盪，甚至有被情所困之象徵。

△感情線愈短者，主其人薄情寡義、與人不合、自閉且有逃避現實之象。

△感情線尾端成分叉現象者，如為向上，主其人感情、事業、家庭與子女兼顧著；如為向下者，主其人性情固執怪異、不聽人勸，且易有感情上的打擊與挫折。

△感情線紋呈一直線者，若深粗，主其人主觀且固執；若細淺，主其人缺乏愛心，或無法表達自我的感情。

△若感情線呈現斷續之小細紋者，主其人曾受過感情上的打擊或挫折，而導致對待感情不當，或有心理變態之徵象。

△感情線終端彎曲且下垂者，主其人熱情奔放、個性開朗民主，對感情的態度沒有貧富、貴賤、賢愚的勢利門戶之見。

△感情線上出現黑色斑點，或有島狀紋者，主其人情緒不穩定，心臟出問題，或縱慾，或有失戀、離婚的徵象。

△感情線中途有呈現消失現象，主其人在此段運限中，有受到嚴重且恐怖的愛情打擊與挫折徵驗，更甚者，情人死亡。

△具雙重感情線者，大都為人熱心誠懇、感情豐富、重義氣，是為「老吾老以及人之老，幼吾又以及人之幼」之典型實踐者。

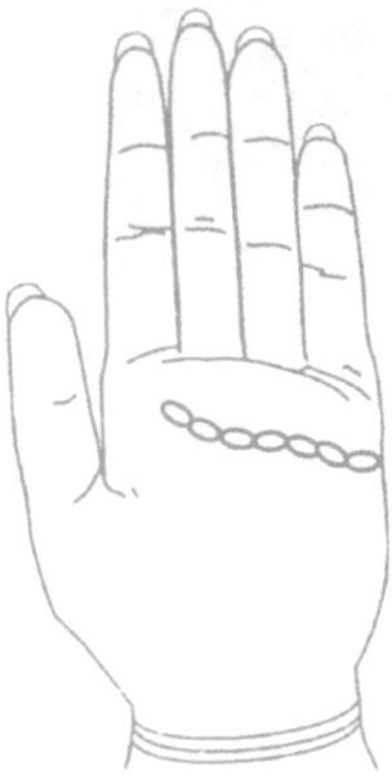

△鎖鍊狀的感情線，主其性情懦弱膽怯、薄情寡義，對感情不專且喜怒無常，婚姻多不能幸福美滿。

△毛刷狀的感情線，主其人心性狹窄，愛與人計較，神經質且喜怒無常，對愛情始亂終棄，不專一、不負責。

△感情線上若呈現星狀紋、十字紋或間斷破裂者，主愛情破裂、失戀，或有夫妻生離死別之徵驗。

△感情線上若呈現島紋狀者，主其人對於感情的處理錯綜複雜，縱慾且感情專一，或有心臟方面的疾病，以及生殖泌尿系統上的暗疾。

△若感情線呈：

(1)過短者：主其人感情怯弱，受不了打擊。

(2)適中者：主其人感情理智、開朗。

(3)過長者：主其人自傲偏執。

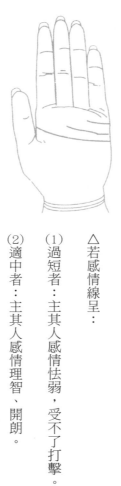

四、婚姻線

婚姻線實為感情線之輔助線，可做為觀察一個人婚姻的參考資料，因此，亦有「連理線」之稱謂。

優良的婚姻線是不可以過長的，總以不超過小指的範圍橫面為基準，另亦不要太多，以越簡單清、晰短直為主。茲將相關資料圖示如下：

△婚姻線若生於：

(1)靠在小指根與感情線的二分之一處者，表示結婚年齡在廿一歲至廿八歲之間。

(2)靠在感情線的三分之一處者，表示結婚年齡在十四歲至廿一歲之間。

(3)靠在小指根的三分之一處者，表示結婚年齡在廿八歲至三十五歲之間。

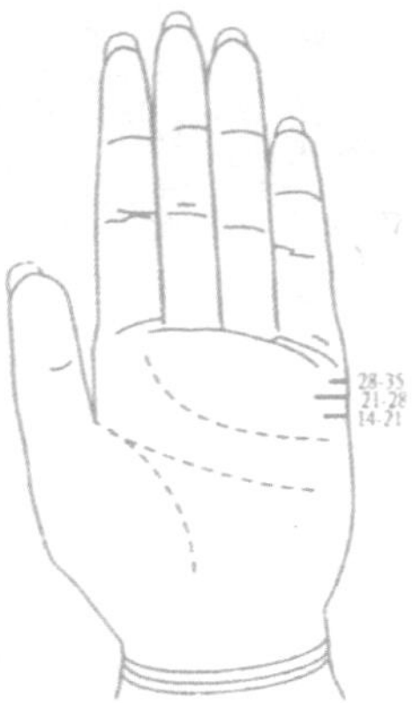

△婚姻線過長者，主其人經常對婚姻有舉棋不定的現象，故易有晚婚之徵驗。如果有呈現與成功線相交者，表示男娶富貴女，可減少三十年的奮鬥，女嫁聲譽名望均好的老公，一生衣食富裕。

△婚姻線呈現多數量者，主其人不喜歡受婚姻的束縛，對浪漫的戀情追求較為熱中。

△婚姻線下彎者，主夫妻吵架，或女性有婚前失身之徵驗；若呈上彎之象者，主婚姻有名無實，徒具形式而已。故不論是上彎或下彎，對婚姻均有不好的靈動。

△婚姻線若呈現分叉的現象時，主夫妻間感情不睦且經常有吵架之情事，如下彎且穿破感情線者，則有經過法律程序而離異之徵驗。

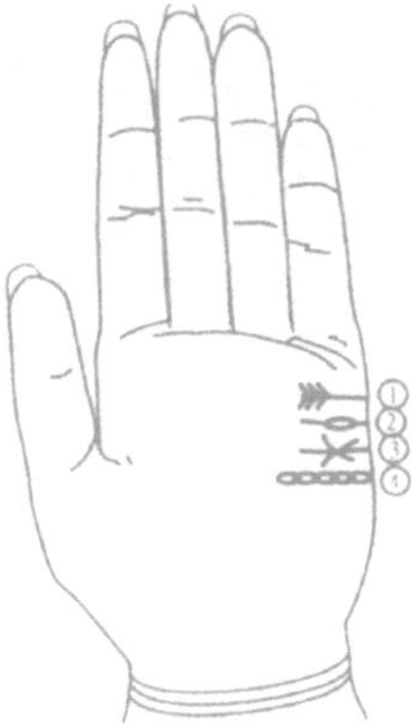

△婚姻線若呈現流蘇狀者，主疾病影響婚姻生活；若呈島紋狀者，主婚姻坎坷多磨，甚至有離異現象；若有十字紋者，主配偶有暴斃的現象；呈鎖鍊狀者，主勉強婚姻。

△若婚姻線出現此種紋路稱為「子息紋」，可看出一個人的性慾與生殖能力之強弱，亦可表示其人子息數（尤其男孩）的多寡。

△此種紋路代表著其人婚姻生活不美滿，有婚後外遇或抱獨身主義的傾向。

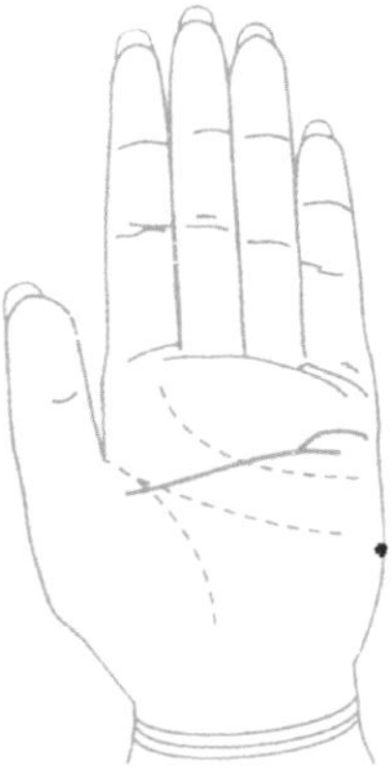

△具此紋路者，主其人縱慾，男人有金屋藏嬌，女命有走私的徵驗。但總會被配偶抓到而爭吵，最後導致婚姻離異的現象。

五、健康線

古相書中亦稱為「考證紋」。一般是用以探測吾人身體健康的依據，尤其是以臟腑間的肝臟器官，故亦有稱其為「肝臟線」。

是故，如果閣下發現有新生出的健康線時，最好趕快就醫檢查，或做適當的休息，以及調整飲食，作息習慣。

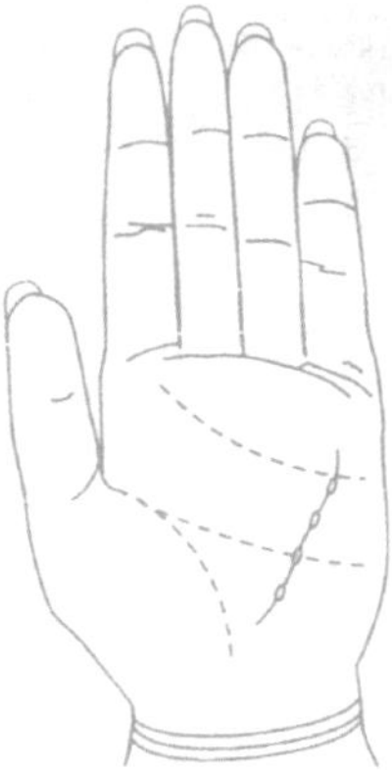

△健康線之島紋若出現在坎宮，主其人有罹患腎臟泌尿系統疾病；如在感情與理智線之間，主心臟與神經系統疾病。

△健康線若呈現明顯且粗深者，主其人神經緊繃，每有心悸緊張之象；若呈波浪形者，主肝臟機能之疾病。

△健康線若出現黑色斑點時，主其人肝臟功能衰弱、容易疲倦、沒有胃口、眼白亦呈黃濁狀，有心虛盜汗之徵驗。

△健康線呈斷續現象者，主其人胃腸器官出了問題；神經亦有衰弱不安之狀，作息、飲食不正常，最好趕快導正為宜。

△具此紋路者，主其人天資聰慧、身心健康正常，感情豐富且理智，是最完美亦令人羨慕的紋路表徵。

△健康線若出現鎖鍊者，主其人神經衰弱，心神不寧亦不正，往往又有不良之習性癖好；另外，呼吸器官亦有疾病之徵象。

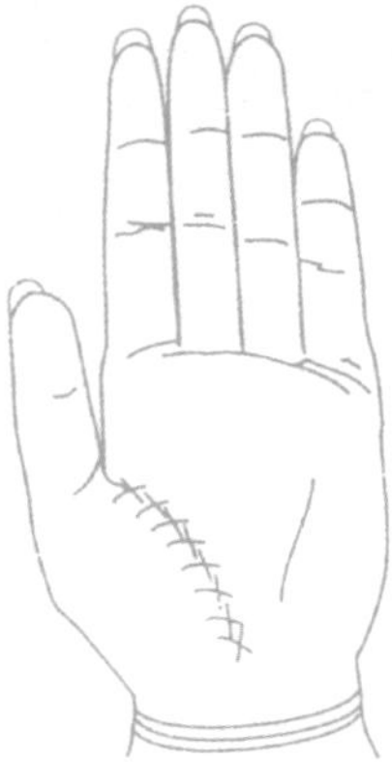

△健康線清晰明顯，但生命線卻呈模糊，或呈鎖鍊狀者，主其人體弱多病，或是常年臥病在床，且多為肝臟之疾病。

△健康線介於感情與理智線之間者，主其人曾有因高燒而損傷頭腦之徵象。

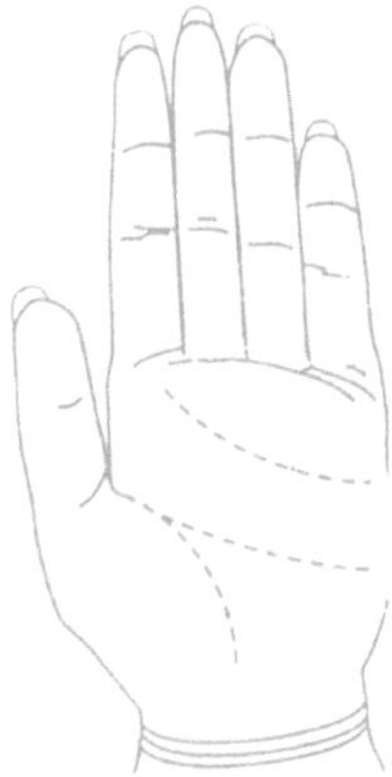

△健康線自艮宮內部發源竄升者，主其人有患急性肝病之徵兆，請快送醫檢查，否則有延誤醫治而危害性命之虞。

六、事業線

事業線可表徵一個人適合什麼職業，或是應該朝什麼方向去發展的參考資料。然而，根據一般的統計，事業線也並非是每一個人都有，而且，出現的年齡也大都是在三十歲左右以後的事。

時下對於事業線的別稱有：「命運線」、「成功線」、「宿命線」，而古相書中稱「沖天紋」、「玉柱紋」、「文筆紋」等。

再者，與事業線有相輔相成作用性質的「事業輔助線」，也是吾人在觀察事業線的同時所必須一併對照的，因此，筆者特將兩者的紋路意象徵驗，一併圖示列述如後：

①表示事業線。

②表示事業輔助線。

③表示健康線。

④表示婚姻線。

△事業線正常發源處應起於坎宮，主人事業順遂有成，婚姻美滿幸福；若起於生命線，表早年不順而終入佳境。

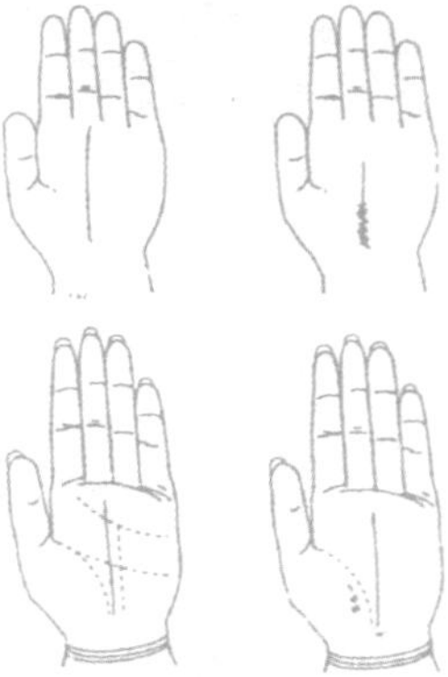

△事業線若是止於理智線，主其人之主觀意識強烈，故經常導致判斷錯誤而失敗；若止於感情線，則會因感情用事而誤事。

△具此雙重事業線者，主其人能者多勞，大都有兼營兩種以上的事業現象，而且精力充沛，眼光炯炯有神。

△事業線如果呈現如圖之間斷現象，主其人的事業過程會有因理智的判斷錯誤而導致失敗，但最終亦可東山再起，重拾往日雄風之象。

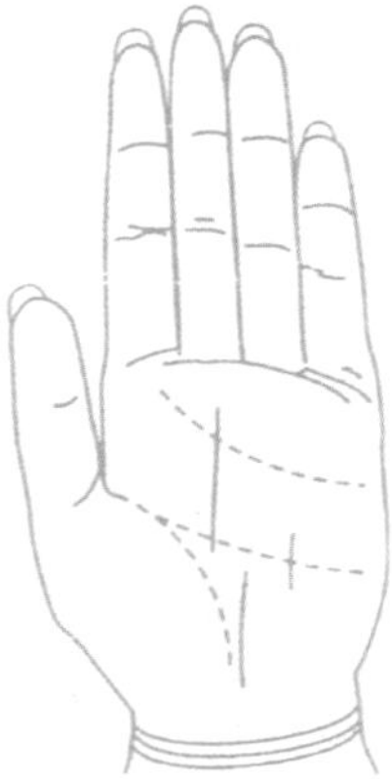

△具此紋路者，主其人的事業往往會因為身體的狀況、感情的因素或是外在環境的影響，而導致事業上的間斷或失敗。

△事業線若呈現如：

(1)呈島紋狀者，主事業有失敗之可能。

(2)呈三角形狀者，主其人幸運多福、事業順遂。

△事業線若呈現如：

(1)呈星紋者，表運途乖逆阻塞。

(2)呈現橫紋者，主小人拖累。

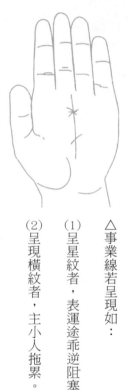

△事業線若出現流蘇紋者，且通向中指與食指之指縫間，主其人年少剋父，一生勞碌奔波，晚景淒涼貧苦。

△事業線之發端處若出現流蘇狀、島狀或異常之形狀者，主其人幼年有發生父母有損，或離異的徵驗。

△若是事業線直升且穿過中指指根處者，主其人行為處事太過激進，不知進退，或因此得罪於人，甚至有遭殺身之禍。

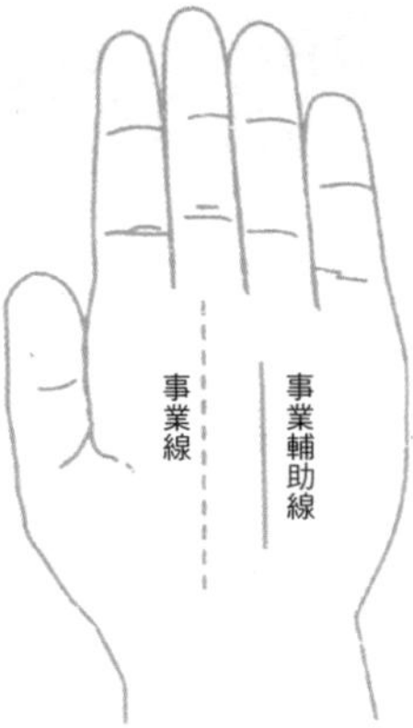

△事業線旁若出現有筆直且透出感情線之事業輔助線，如圖示，主其人運途順遂，得以達成求財富與功名聲望之理想。

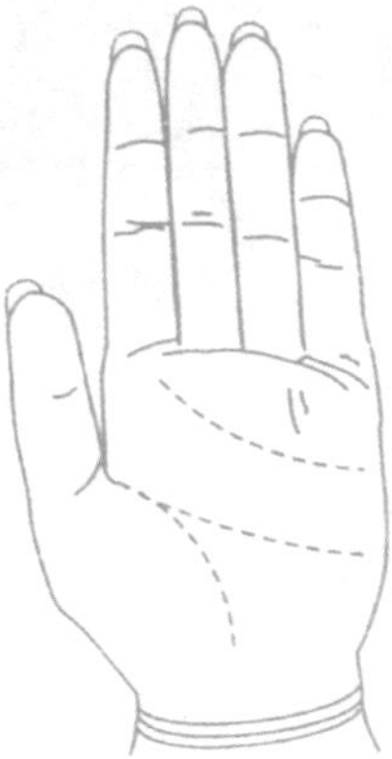

△若無名指與小指指縫間下方處，出現兩條短小上升的事業輔助線者，主其人事業大都成就於中晚年時期。

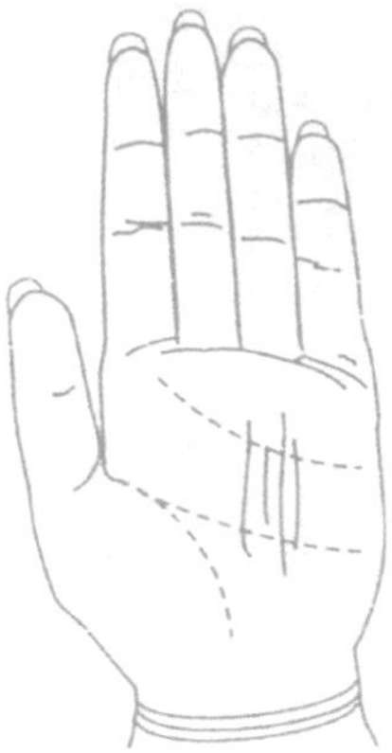

△若事業輔助線呈現如上圖所示之數條細紋路者，主其人多學少精，成功的機率不大。最好能習得一技之長。

△事業輔助線的末端出現分叉之紋路者，主其人先得榮譽聲望，而後方得富貴。

七、第六感線

所謂「第六感線」亦即對事物的判斷具有先天所賦予的超現實的直接能力，也就宛如時下所談的「靈通」、「靈異」的能力。

一般「第六感線」大都出現於乾、坤之掌緣部位，有象徵著天地所賦予的神秘預見的直覺能力。這與一般所謂的「神秘十字紋」、「所羅門環紋」有著相同的神秘且靈異的徵驗。

西洋手相學亦有此種紋路的理論與認定，並稱之為「直感紋」或「鑑識紋」The Line Of Intuitiom。茲將相關資料圖述列示於後：

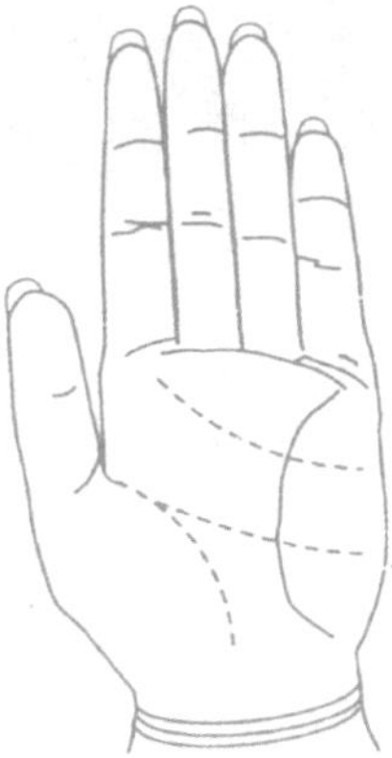

△具有第六感線之人，主其對事物的反應較為敏感細膩，甚至於對未來事情的預知力有著令人不可思議的徵驗。

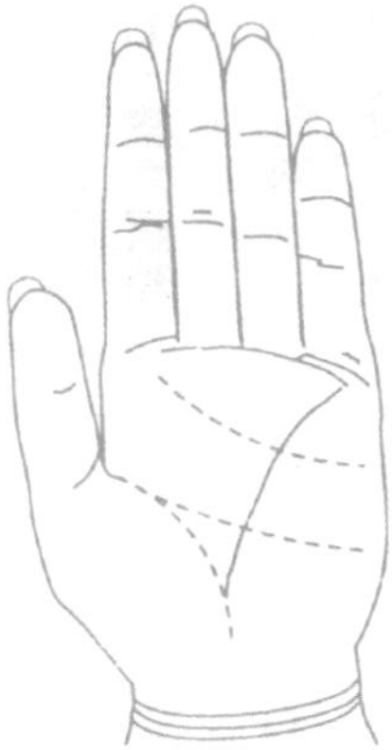

△第六感線如圖所示，主其人對於術學、玄學與哲學，具有深厚的研究興趣與磨練修行之耐性，因此，往往有很高的境界與成就。

△第六感線若出現島紋或星紋者，表示其人經常會因自恃的感應力而破財耗敗，或是有傾向精神分裂之現象。

八、結語

大致上，將掌中紋路的種類，以及其所蘊藏的意象與徵驗介紹概略，但各位可千萬不要認為僅是如此，即已包括殆盡。實際上，掌中紋路究竟有多少，或者是到底包含了多少人生訊息，至今仍然無人能夠完全地解讀出來，因此，手相學於時下的研習風氣雖然不高，但是卻有人愈是研究它，愈是覺得癡迷且欲罷不能，此即是重要的因素之一。

再者，筆者經常將掌中紋路比喻為風水學中之水路，實有其依據的道理。風水學中的水路大都以清晰且明顯就近者而論斷，一些微不足道的細微水路痕跡，往往是屬於輔助印證的資料而已。因此，掌中紋路亦可倣此演繹闡微。畢竟，掌上紋路的數量實在是太多且太複雜了，如果真要一條一條地採樣驗證，相信所得的結果大概連你自己都不知道要如何去斟酌，以及分類論斷了。

因此，論斷掌紋的重要原則，還是採清晰明顯且深刻者，做為論斷的首要要件，其次再來考慮一些細淺模糊的附屬紋路，如此所得的結論，保證條理分明、抓住重點且應驗如神。這個原則對於初學者而言，更是屬於重要課題，否則，不但不容易入門，且有不知所以的無奈結局。

〈附錄〉古今掌中雜紋彙集

看指紋大小、尖禿、淡濃、淺深、曲直、隱浮、聚散、起伏，大粗為人性慢，做事不思前後，好紋得利，惡紋為災殃，紋深入內，為機沈思慮，做事不測，曲紋背曲偎僻，不忠不直，一生做事難成，直聳而長不曲，性直而忠誠，不藏事而聰明。有隱紋不見，做事不顯難知。浮紋不入內，為人輕浮好高，事多難成，一生浩蕩。聚紋交鎖為人心邪，多學少成，得人嫌，一生勞碌。

散紋無定，一生散失，做事無就，吉凶未應。起自下而向上，做事有成無廢，吉凶皆應。起自高而向下，做事性快不成，沈滯少通。大抵有掌有紋，繁華一世，無紋有掌，始終不足，有紋無掌，有榮無辱，紋大性小，有事高叫，一語便嗔，回頭相笑。

詩曰：斷紋性難理，高強起伏低。言多招怨恨，朋友不相宜。

棋盤志萬端，撓事心無足。弄巧又成拙，終須幹一般。

紋大應無毒，心慈口卻多。自身愁自脫，閒事又相遇。

六合心慈善，為人多應變。出入眾所欽，貴人偏相戀。

紋直所為直，直言諫別人。忠言多逆耳，轉背卻生嗔。
羊刃性憂煎，般般手向前。雖然多執拘，終得貴人憐。

四季紋

春青夏赤秋宜白。
四季之中黑喜冬。
秋赤冬黃春見白。
夏間逢黑總爲凶。

拜相紋

拜相紋從乾位尋。
其文好似玉腰琴。
性情敦厚文章異。
常得君王眷顧深。

帶印紋

掌上紋如帶印形。
前程合主有功名。
莫言富貴非吾願。
白有清名作上卿。

兵符紋

兵符紋現掌中央。
年少登科仕路長。
節鉞定應權要職。
震戎邊衛擁旌幢。

雁陣紋

朝衙文類雁排行。
一旦功名姓字揚。
出入皇都爲宰相。
歸來身帶御爐香。

雙魚紋

雙魚居放學堂中。
冠世文章顯祖宗。
文過天庭更紅潤。
爲官必定至三公。

六花紋

若人有此六花紋。
他日身沾雨露恩。
可許爲官須待從。
憂來晚歲曜朱門。

懸魚紋

懸魚紋襯學堂全。
富貴當時正少年。
一舉首登龍虎榜。
跨龍作馬玉爲鞭。

金花印紋

紋帶金花印立身。
此生富貴不憂貧。
男兒指日封侯相。
女子他年國內人。

獨朝紋

獨朝紋出正郎身。
若逢靴笏更聰明。
因官好好難和事。
必定中年祿位升。

天印紋

天印紋身乾位上。
文章才調白榮華。
爲官平步天街上。
凡庶堆金積滿家。

寶暈紋

寶暈紋奇二相形。
端如月暈掌中心。
如環定是封侯相。
錢樣須多穀與金。

三日紋

三日精榮現掌心。
文章年少冠儒林。
須知月闕高攀桂。
四海聲名値萬金。

四直紋

四直可名求。
中年不用愁。
更宜紅潤色。
一旦便封侯。

高扶紋

高扶紋出無名指。
膽氣高強難並比。
手紅色潤是多能。
白是一生招富貴。

玉柱紋

玉柱紋從掌直去。
爲人膽智必聰明。
學堂更得文光顯。
一定中年作相公。

三奇紋

三奇紋現無名指。
一路分開三個紋。
生在遐宮並掌內。
拜相金門宰相臣。

筆陣紋

筆陣紋生陣陣多。
文章德行勝鄒軻。
十年得意登科第。
福壽無疆著綺羅。

金龜紋

兌宮西岳起隆隆。
文似金龜勢象雄。
遐算定須過百歲。
居家金寶更雍容。

玉井紋

一井紋為福德人。
二三重井玉梯名。
此人必定能清貴。
出入朝中佐聖明。

三峰紋

三峰堆起巽離坤。
肉滿高如束樣圓。
光澤更加紅潤色。
家中金玉有良田。

朱雀紋

朱雀紋生向掌來。
一生終是惹官非。
若有叉紋猶自可。
最忌兩頭口又開。

酒食紋

橫來酒食紋何似。
坤上差池入巽宮。
好似斜飛三燕子。
每橫逢阻貴交中。

立身紋

立身紋上印帶手。
堂堂形貌氣如虹。
他年顯達須榮貴。
終作朝中一宰公。

車輪紋

此紋圓滿主車輪。
必是皇朝館殿人。
更看文全名杖鼓。
封作諸侯百里臣。

福厚紋

福厚紋生向掌偎。
平生無禍亦無災。
憐貧好施多陰德。
必主年高又主財。

亡神紋

手中橫直號亡神。
破了家財損六親。
到處與人皆不足。
更防性命險難憑。

花釵紋

花釵紋現主偷期。
巷陌風花只自知。
到處得人憐又惜。
貪歡樂處勝西施。

折桂紋

折桂紋名有大才。
儒生及第擢高魁。
姮娥月裏頻相約。
一日登雲攀桂來。

川字紋

五指俱生川字紋。
人人益壽得延年。
男兒可比籛鏗老。
女子堪如王母仙。

學堂紋

拇指山根論學堂。
節如佛眼主文章。
金門選舉須科甲。
名譽清高遠播揚。

學堂紋

學堂紋小卻相宜。
清貴之中有福隨。
開廣主人爲技藝。
大凡事事巧能爲。

美祿紋

美祿紋如三角形。
偏宜三角帶橫生。
自然衣祿常豐足。
到處追陪自有名。

銀河紋

銀河碎在天紋上。
必主妨妻再娶妻。
震坎亂紋沖剋破。
不宜祖業自興基。

隱山紋

隱山紋現掌中央。
性善慈悲好吉昌。
愛樂幽閒增闊起。
末年悟道往西方。

天喜紋

立身帶天喜。
一生多福祉。
榮旺樂人安。
事事皆全義。

小貴紋

小貴紋奇小貴官。
縱無官祿積閒錢。
那堪紅潤兼柔軟。
僧道須還管要權。

異學紋

異學紋須招異行。
聲名長得貴人欽。
爲僧爲道增殊號。
塵俗還須百萬銀。

千金紋

人生若欲問榮華。紋若千金直上加。設使少年人得此。前程富貴有人誇。

三才紋

三才紋上得分明。時運平生可得平。主命與財俱有氣。一紋沖破便無情。

住山紋

身立斜紋是住山。又貪幽靜又貪歡。老來處世心常動。尤恨鴛鴦債未還。

山光紋

山光紋現好清閒。閒是閒非兩不干。此相最宜僧與道。閒人多是主孤鰥。

智慧紋

智慧紋名遠譽揚。其紋長直象文鎗。平生動作常思慮。慈善兼無橫禍殃。

亂花紋

身畔朝生是亂花。平生天性好奢華。閒花野柳時攀折。只戀嬌娥不戀家。

色慾紋

色慾紋如亂草形。一生終是好風情。貪迷雲雨心無歇。九十心猶似後生。

陰德紋

陰德紋從身位生。常懷陰德合聰明。凶危不犯心無事。好善慈悲好念經。

文理紋

文理如魚坎位藏。妻饒相受富田莊。因何子受官班爵。賴得乾宮井字紋。

華蓋紋

華蓋青龍陰德同。此紋吉利儘陰功。或有凶紋加掌上。得之爲救不爲凶。

過隨紋

掌法文名是過隨。
早年無怙不傷悲。
豈思卻有隨娘嫁。
拜啓他人作養兒。

偷花紋

偷花紋現自多非。
別處風花戀暗期。
自有好花心不喜。
一心專戀別人妻。

妻妾紋

妻妾生入奴僕宮。
有妻意欲通私事。

一重紋

妻宮只有一重紋。
沒個妻奴及弟兄。
若有兩紋并四畫。
許君後續好兒孫。

剋父紋

天文劈索朝中指。
此是魁心成可喜。
更有二指縫中心。
少年剋父無所倚。

桃花紋

桃花紋見主情邪。
柳陌花街即是家。
正是中年臨此限。
夢魂猶戀一枝花。

魚紋

妻位紋有魚。
清貴更何如。
期妻能守節。
沖破卻淫愚。

朝天紋

妻紋朝入向天文。
妻起淫心悔父尊。
交合遂成雲雨事。
人倫不正亂家門。

奴僕紋

奴僕紋朝入向妻。
必然奴僕共淫之。
妻心不正奴心壯。
致此君家有此爲。

銀河紋

妻位色生枝。
天生狡猾妻。
丈夫能省半。
閫子賴施爲。

劫煞紋

劫煞金紋散亂沖。
又多成敗又多凶。
初中災了無刑害。
妨限須教得意濃。

三煞紋

三煞紋侵妻子位。
未害妻子空垂泪。
若還見剋後須輕。
免致中年孤獨睡。

離卦紋

離紋沖亂多勞碌。
坎位如豐稱晚年。
八卦若盈孤賤相。
三山要厚主榮官。

震卦紋

震豐色潤有男兒。
紋細誰知子息稀。
或遇其中還帶煞。
只宜招取別兒宜。

逸野紋

逸野紋從命指尋。
兩重直植手中心。
性好悠閒饒好術。
一生嫌鬧怕人侵。

貪心紋

天紋散走有貪心。
只愛便宜機未深。
對面身心難捉摸。
他人物事若相欺。

月角紋

月角陰紋出兌來。
平生偏得婦人財。
好事也須當戒忌。
莫教色上惹官非。

色勞紋

紋如柳葉貫穿河。
巷泊風花度歲多。
暮雨朝雲心更喜。
中年因此患沉疴。

花酒紋

花酒紋生向掌中。
一生酩酊醉花叢。
疎狂好用無居積。
只爲貪迷二八容。

桃花紋

桃花殺現好奢華。
只愛貪杯又好花。
情性一生緣此悮。
中年必定不成家。

合樣紋掌

鴛鴦紋

鴛鴦紋見主多淫。
好色貪杯不暫停。
暮雨朝雲年少愛。
老來猶有後生情。

花柳紋

花柳紋生白不憂。
平生多是愛風流。
綺羅叢裏貪歡樂。
紅日三竿纔舉頭。

破相紋掌

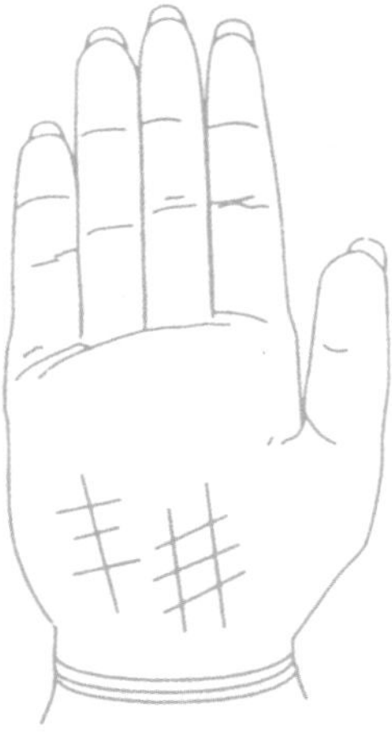

華蓋紋

妻宮華蓋蓋朝妻。
招得妻財逐後妻。
皆是五行并掌相。
他年更許有男兒。

剋母紋

太陰若有紋沖破。
必定親生母見之。
若是過房猶自可。
親生必定見閻君。

三奇紋掌

井印紋掌

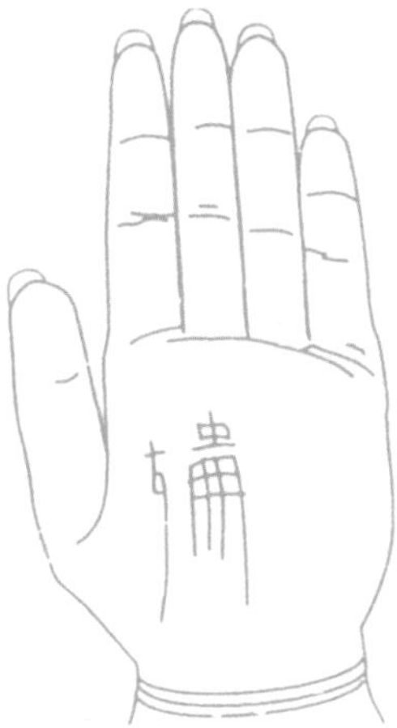

刀丁枷鎖掌

財祿紋掌

掌中飛針

門羅網掌

玉階紋掌

交刀條紋掌

華蓋紋掌

角眼金梭玉掌

魚尾井字金印掌

快樂富貴掌

華蓋聰明

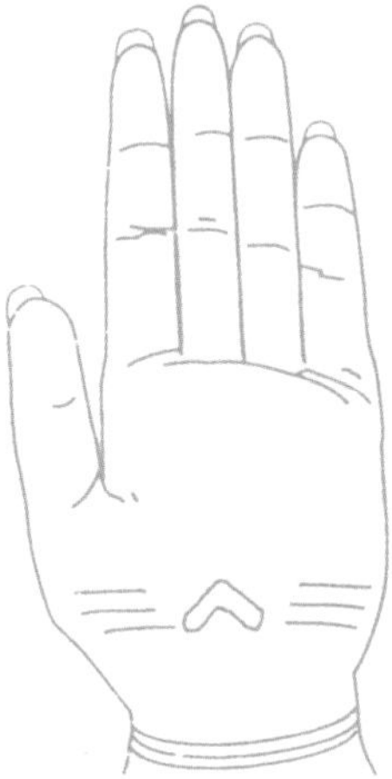

男女紋掌

第六章　掌紋流年論述

掌紋流年的計算法則，可說是手相學中最為混亂且莫衷一是的，這個遺憾不但古今中國有，西洋手相學亦不例外。

為此，筆者特將《易經》先、後天卦的理念法則，付諸掌紋流年的計算法，當然，這僅是一套初步構想的理念法則，其中尚待實驗與應證之處仍然很多，還望各位先進同儕們不吝指教，並提供心得與經驗相互參研，以便筆者日後有緣再著專書，共同為相學一脈之延續盡些心意。

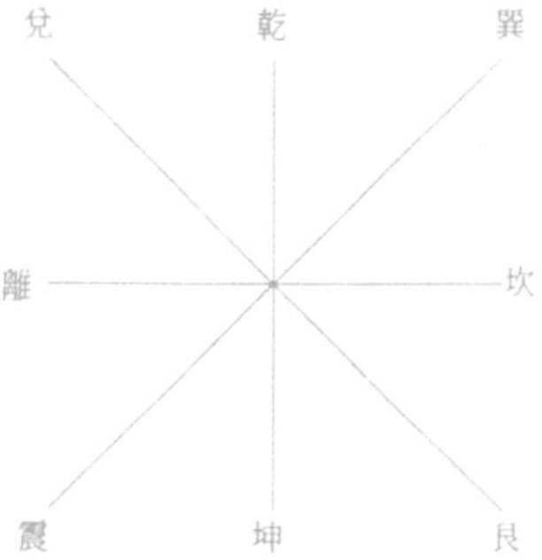

先天八卦

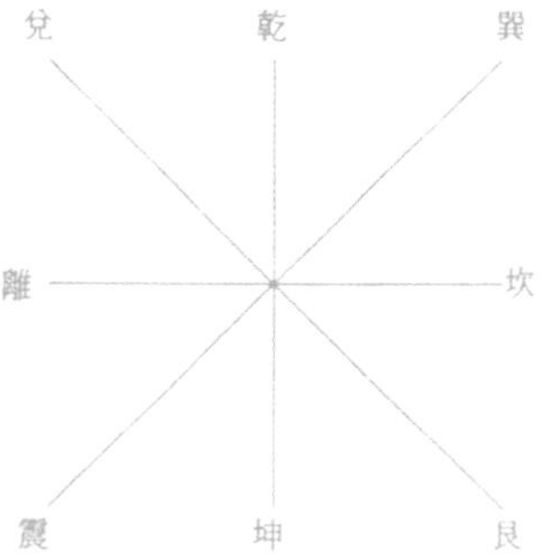

後天八卦

(1)「先天八卦」：

主掌八歲以下之種種徵象，如家庭環境背景如何？身體狀況健康與否？是否能安然順利地成長？父母親照顧得好壞等等。

(2)「後天八卦」：

主掌九歲至七十歲間之運途、財富與健康。

一、生命線掌紋流年計算法參考

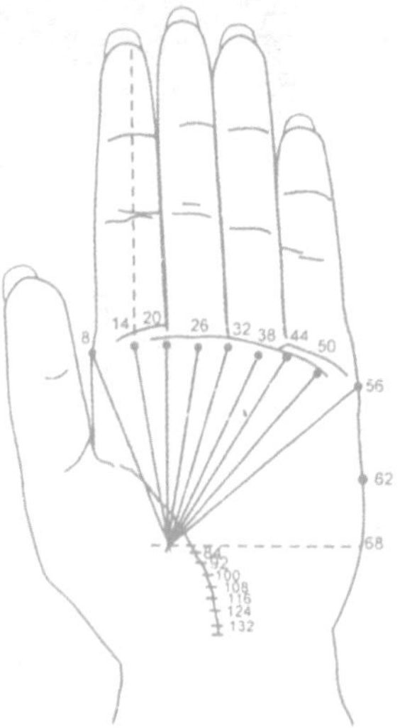

二、理智線掌紋流年計算法參考

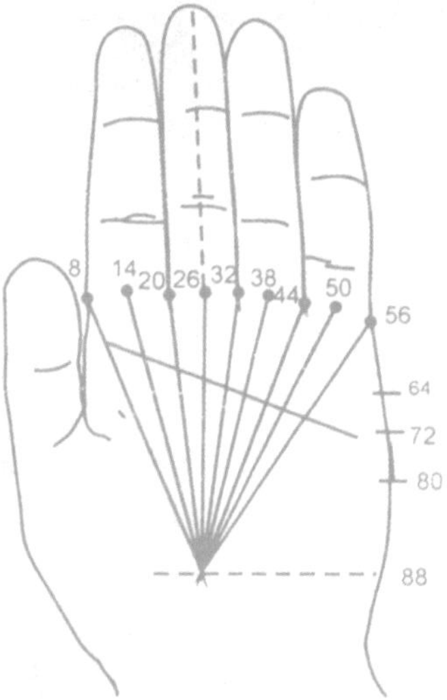

三、感情線掌紋流年計算法參考

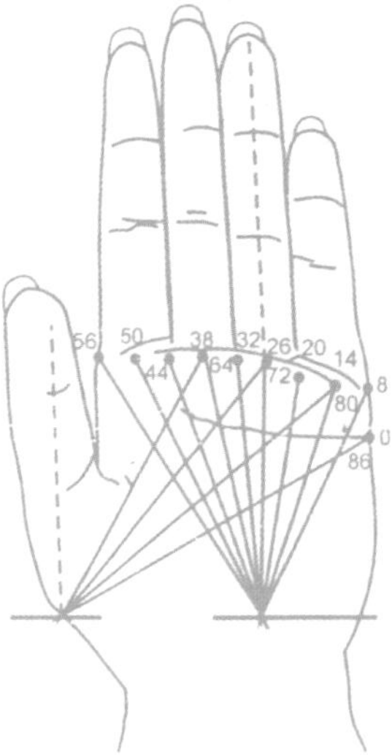

四、事業線掌紋流年計算法參考

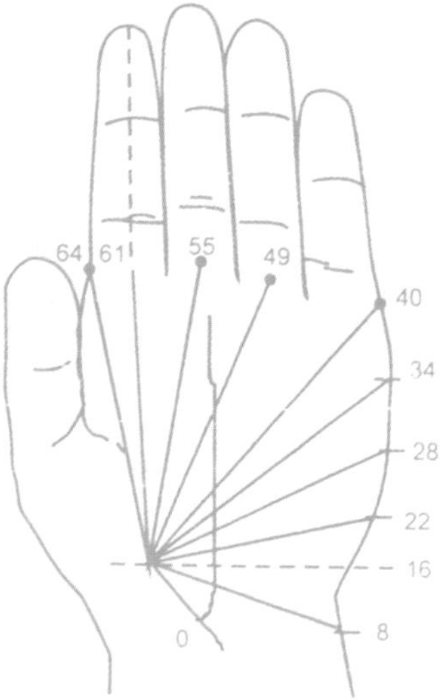

五、婚姻線掌紋流年計算法參考

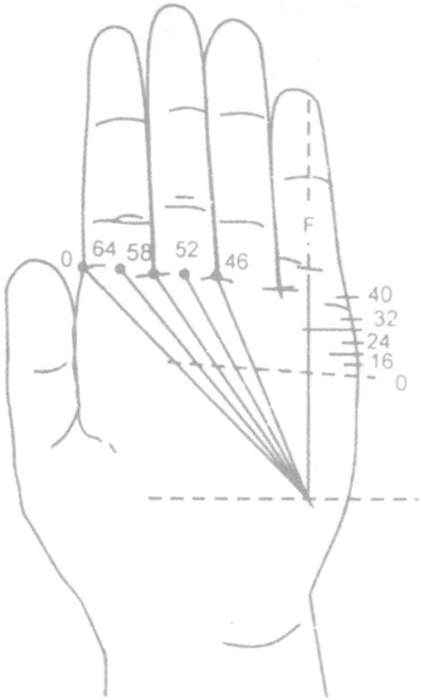

六、結語

掌紋流年的計算法則，大抵以近代學者所公開研究資料較為完整豐富，且較具有參考實用價值；至於古相學書籍中則少有記載。因此，才會造成時下所謂百家爭鳴、互較長短的現象。然而，若是沒有競爭，也沒有比較，當然也就不會有所進步與發展，所以對於這一股清新且具有實據探討的風氣，實在是有助長手相學向前邁進的功效。是故，吾輩亦當倣效近賢鍥而不捨且不吝公開所得的精神相互共勉，而共同為相學命脈之延傳付出一份心意與力量。如此亦不忝身為相學中一分子的責任與使命。

國家圖書館出版品預行編目資料

翻書就會看手相／姜威國著
－－第一版－－ 台北市：知青頻道出版；
紅螞蟻圖書發行，2008.09
面　公分.－－(Easy Quick ; 89)
ISBN 978-986-6643-29-3 (平裝)

1.手相
293.23　97014226

Easy Quick 89
翻書就會看手相
作　者／姜威國
美術構成／Chris'office
校　對／周英嬌、楊安妮、姜威國
發 行 人／賴秀珍
榮譽總監／張錦基
總 編 輯／何南輝
出　版／知青頻道出版有限公司
發　行／紅螞蟻圖書有限公司
地　址／台北市內湖區舊宗路二段121巷28號4F
網　站／www.e-redant.com
郵撥帳號／1604621-1 紅螞蟻圖書有限公司
電　話／(02)2795-3656（代表號）
傳　眞／(02)2795-4100
登 記 證／局版北市業字第796號
數位閱聽／www.onlinebook.com
港澳總經銷／和平圖書有限公司
地　址／香港柴灣嘉業街12號百樂門大廈17F
電　話／(852)2804-6687
新馬總經銷／諾文文化事業私人有限公司
新 加 坡／TEL:(65)6462-6141　FAX:(65)6469-4043
馬來西亞／TEL:(603)9179-6333　FAX:(603)9179-6060
法律顧問／許晏賓律師
印 刷 廠／鴻運彩色印刷有限公司
出版日期／2008年 9 月　第一版第一刷

定價 260 元　港幣 87 元

ISBN 978-986-6643-29-3　Printed in Taiwan